Lothar Neimke

AF141354

Das Sachverständigengutachten
Grundlagen für Aufbau und Inhalt eines Gutachtens

Lothar Neimke

Das Sachverständigengutachten

Grundlagen für Aufbau und Inhalt eines Gutachtens

3., durchgesehene Auflage

Fraunhofer IRB Verlag

Bibliografische Information der Deutschen Nationalbibliothek:

Die Deutsche Nationalbibliothek verzeichnet diese Publikation
in der Deutschen Nationalbibliografie; detaillierte bibliografische
Daten sind im Internet über <http://dnb.ddb.de> abrufbar.

ISBN (Print): 978-3-8167-8758-7
ISBN (E-Book): 978-3-8167-8759-4

Layout: Dietmar Zimmermann
Herstellung: Tim Oliver Pohl
Umschlaggestaltung: Martin Kjer
Druck: BoD - Books on Demand, Norderstedt

© by Fraunhofer IRB Verlag, 2012
Fraunhofer-Informationszentrum Raum und Bau IRB
Nobelstraße 12, 70569 Stuttgart
Telefon (07 11) 9 70-25 00
Telefax (07 11) 9 70-25 99
E-Mail: irb@irb.fraunhofer.de
http://www.baufachinformation.de

Vorwort

Sachverständige, ob öffentlich vereidigt oder als freie Sachverständige tätig, beeinflussen mit ihren Ausführungen zu den unterschiedlichsten Sachverhalten den Ausgang von Prozessen und die Beilegung von privaten Auseinandersetzungen. Es ist ihre Aufgabe, Bewertungen von angetroffenen Sachverhalten in ein für den Laien verständlichen Gutachteninhalt umzusetzen. Die »besondere Sachkunde« des Sachverständigen – gleich welcher Fachrichtung – muss so in ein Gutachten eingebracht werden, dass die Zusammenhänge von jedem, der sich mit dem Text befasst, ab der Auftragerteilung bis hin zu dem fachlichen Ergebnis verfolgt und verstanden werden kann. Dabei ist es unerheblich, ob allgemein bekannte Umstände oder nur dem Fachmann verständliche Themenbereiche behandelt werden. Der Sachverständige muss sich bemühen, komplexe Zusammenhänge für den Fachfremden verständlich zu erklären, damit dieser eine Bewertung vornehmen kann.

Neben der fachlichen Aufarbeitung eines vorgegebenen Themas ist es erforderlich, sowohl dem in einer prozessualen Auseinandersetzung eingebundenen Juristen als auch dem privaten Auftraggeber den Gutachteninhalt erläutern zu können. Vorrangig muss ein Richter verstehen können, was der Sachverständige gemeint hat, denn nur dann wird er in der Lage sein, das in einem Gutachten vermittelte Fachwissen in einen Urteilsspruch einzubinden. Der Inhalt des Buches ist sowohl als Hilfestellung zur Erarbeitung eines vollständigen Gutachteninhalts als auch zur Vermittlung des richtigen Gutachtenaufbaus gedacht. Seitdem die obere Altersbegrenzung durch das BVerfG und das BVerwG aufgehoben worden ist, werden sich Bestellungsorgane bei anstehenden Nachprüfungen gegebenenfalls genauestens damit beschäftigen, ob sich der Sachverständige fortgebildet hat und ob seine »Gutachtensprache« noch der geforderten Aktualität entspricht.

Das Wissen um den Themenbereich »Aufbau und Inhalt eines Gutachtens« muss sich schon im Bestellungsprozedere für eine öffentliche Bestellung in Probegutachten oder bereits erstellen Gutachten, die zur Bewertung vorgelegt werden, niederschlagen. Verbände und Organisationen, die sich mit der Weiterbildung von Sachverständigen beschäftigen, legen Wert darauf, dass Seminare über dieses Gebiet im Vorfeld der Sachkundeprüfung besucht werden.

Im vorliegenden Buch werden Hintergründe zu einzelnen Gutachtenteilen an Hand von einfachen Beispielen betrachtet, damit der Leser erkennt, was in einem Gutachten geschrieben (oder nicht geschrieben) werden sollte. Wer sich als Sachverständiger nicht mit der Sprache und den Denkweisen der Juristen auseinandersetzt, wird wegen entstehender Missverständnisse von Inhaltsauslegungen in einem erstellten Gutachten in einer Bearbeitungsschleife landen. Ergänzungsgutachten zu dem Hauptgutachten, Beantwortung von zusätzlichen Schriftsätzen der Parteien mit eventuellen Angriffen auf vermeintliche Qualitätsmängel in einem erstellten Gutachten sowie mündliche Anhörungen können Folgen eines falschen Gutachtenaufbaus oder missverständlicher Ausführungen sein. Richter und beteiligte Juristen können die von einem Gutachter geschilderten Sachverhalte anders sehen und ziehen andere Schlüsse als der Sachverständige es erwartet.

»So habe ich das nicht gemeint« oder »Sie irren sich, Herr Richter, es ist doch klar, dass ich es anders gemeint habe«, solche Verteidigungssätze darf es nicht geben. Gleitet der Sachverständige gar in rechtliche Bewertungen ab, so kann sein Gutachten als unverwertbar angesehen werden mit der Folge des Vergütungsverlustes (OLG Sachsen-Anhalt 07.01.10, Az. 5 W 1/10).

Ob ein Sachverständiger einen Kursus über das richtige Schreiben von Gutachten oder einen Rhetorikkursus belegt, mag jeder ganz für sich alleine entscheiden. Zu unterschiedlich sind die individuellen persönlichen Voraussetzungen. Überzeugend schreiben? Geschickt auftreten? Rhetorik ist der aktive, zielbewusste und psychologisch fundierte Umgang mit dem Wort. Schreiben und Sprechen lassen sich nicht voneinander trennen.

Auch für die dritte Auflage gilt weiterhin: Ein klares Aufbaukonzept mit eindeutigen Ausdrucksweisen für zu bearbeitende Sachverhalte bedeutet eine wesentliche Grundlage für einen nachvollziehbaren Gutachteninhalt. Mit dem Buch sind alle denkbaren Fachbereiche angesprochen, für die Gutachten gefordert werden könnten, und es kann eine wertvolle Seminarbegleitung für das Thema »Inhalt und Aufbau« werden. Andere Fachthemenbereiche können in das vorgegebene Grundsatzschema eingefügt werden. Die selbstständige Abwägung, ob eine Gutachtenaufgabe in den vorgegebenen Rahmen passt, ist Aufgabe des Sachverständigen. Spezialfachbereiche werden immer den eigenen Anforderungen folgen müssen. Der beschriebene Gutachtenaufbau, seit Jahrzehnten bewährt, mit der richtigen Wortwahl in den nötigen Inhaltsteilen, stellt das Gutachtenfundament dar und gibt dem Sachverständigen die größtmögliche Gewähr, dass seine Gutachten verstanden werden.

Bremen, im August 2012   Lothar Neimke

Inhalt

1 Grundlagen für eine Gutachtenbearbeitung

1.1 Sachverständige und Juristen

Die Einarbeitung und Fortbildung in das Sachverständigenwesen erfolgt zunehmend durch Juristen in Seminaren und in der einschlägigen Fachliteratur. Übersehen wird dabei, dass Nichtjuristen einen zu bearbeitenden Fall als Kaufmann, Techniker, Kunstexperten oder als Experte in einer anderen Fachrichtung bearbeiten. Vorrangig wird der Fall gesehen. Wie die gewonnenen Ergebnisse durch die Juristen gewertet werden, wird vordergründig nicht berücksichtigt. Der Sachvortrag dominiert. Der Leser eines Gutachtens soll die genannten Inhalte fachlich verstehen. Bekannt ist allenfalls noch, dass der Sachverständige Rechtsfragen nicht zu entscheiden hat und dass dieser Umstand eine unumstößliche Grundvoraussetzung für den Gutachter sein sollte. Trotzdem kommt es immer wieder vor, dass Sachverständige in ihren Gutachten zu Rechtsfragen Stellung nehmen, so beispielsweise die Beantwortung der Frage, auf welcher vertraglichen Grundlage ein Aufmaß zu nehmen sei.

Beispiel: *»Rechtsfragen aber, so hat der BGH wieder einmal festgestellt, sind einer Begutachtung durch einen Bausachverständigen grundsätzlich und in keinem Fall zugänglich. Beweis erhoben wird über streitige Tatsachen. Im Hinblick auf diese (technischen) Tatsachen soll der Sachverständige das Gericht unterstützen, seine eigene Sachkunde in den Dienst des Gerichts stellen. Die Rechtsfragen werden dann nur mittelbar durch solche tatsächlichen Feststellungen geklärt werden, z. B. wie im konkreten Fall nicht zweifelsfreie ATV im Baugewerbe allgemein verstanden werden. Die bloße Wiedergabe der Kommentarliteratur, womöglich kombiniert mit einer an Zweckmäßigkeitsgesichtspunkten orientierten eigenen Rechtsauffassung des Sachverständigen, ist aber in jedem Fall unbrauchbar«* (BGH vom 17.06.04, VII ZR 75/03).

Beispiel: *Auslegung (Interpretation) von Leistungsverzeichnissen § 3 133, 157 BGB. Leistungsverzeichnisse (LV) sind nicht stets so unmissverständlich formuliert wie sich dies später, z. B. im Rahmen von Mängelauseinandersetzungen, als notwendig erweist. Im vorliegenden Fall ging es um die häufige Streitfrage, ob ein im LV angegebenes Schalldämmmaß (hier: 42 dB-A) sich auf die Laborwerte oder auf die tatsächlich am Bau erreichbaren Werte bezog. Da die Parteien unterschiedliche Standpunkte vortragen, befragte das OLG (Bremen) einen Sachverständigen; dieser entschied:»Laborwerte«. Der BGH wies das OLG aber* *in die Schranken: Auf Sachverständige dürfe sich das Gericht bei einer solchen Frage allein nicht verlassen. Gutachter hätten die Aufgabe, dem Gericht das für die Beurteilung eines Falles notwendige Fachwissen zu vermitteln, also etwa die »Fachsprache« am Bau oder eine bestehende Verkehrssitte. Die Auslegung von Erklärungen (auch: LV) selbst sei dann aber Sache des Gerichtes, das dabei sämtliche für die rechtliche Beurteilung notwendigen Umstände zu berücksichtigen habe.*

Der Fall lehrt erneut, dass die gerichtlichen Sachverständigen oftmals eingeräumte »Entscheidungsmacht« begrenzt ist: Sachverständige haben tatsächliche Unklarheiten, nicht aber Rechtsfragen zu lösen (BGH v. 09.02.95 – VII ZR 143/93 – BauR 1995, 538 f.). Zur gleichen Sache äußert sich das OLG Sachsen-Anhalt in seinem Urteil vom 07.01.10 (Az. 5 W 1/10).

Der Sachverständige ist Entscheidungshelfer nicht Entscheidungsträger. Es ist nicht seine Aufgabe ein Urteil auszusprechen!

Ein Sachverständiger, der sich bei jedem Gutachten den Inhalt dieses Satzes vor Augen führt, wird nicht Sorge haben müssen, dass seine Gutachten vor kritischen Anwälten keinen Bestand haben werden.

»Sind Rechtsanwälte penetrant?« betitelten in der DS 2004, Heft 3 die Autoren ihre aufschlussreichen Ausführungen zum Thema Stellung der Rechtsanwälte zu den Sachverständigen. Sachverständige haben in der Regel nicht gelernt ihre in einem Fall gesammelten Erkenntnisse so aufzubereiten, dass ihr Auftraggeber mit den in den meisten Fällen eingeschalteten Juristen, die Gedankengänge verstehen können, die zu einem Ergebnis geführt haben. Zwangsläufig können Missverständnisse in der Bewertung eines Gutachteninhalts entstehen.

Sachverständige erstellen ihre Gutachten nach bestem Wissen und Gewissen in ihrer berufstypischen Sprache. Sie reagieren auf aggressiv gestellte Fragen eventuell verwirrt und beziehen eine Juristenschelte auf ihre Person. Sie vergessen dabei, dass es die hervorragendste Aufgabe eines Anwaltes ist, seinem Mandanten zu seinem Recht zu verhelfen, gleichgültig, auf welchem Wege das erreicht wird.

Beispiel: Vorausgegangen war der Hinweis des Sachverständigen, der ein gerichtliches Gutachten erstellt hatte, dass seine öffentliche Bestellung inzwischen abgelaufen sei und daher eine weitere Bearbeitung (Zusatzgutachten) nicht ohne weiteres mehr möglich sei. Der Anwalt einer Prozesspartei schrieb darauf hin. »Selten bin ich mit derart arroganten Formulierungen eines Sachverständigen konfrontiert worden, der schlichtweg die weitere Fortsetzung eines Sachverständigenauftrages ablehnt, was wohl auch damit zusammenhängt, dass er schlicht keine Lust mehr hat, weil seine persönliche Bestellung angeblich am ... endet«. Hier wollte der Anwalt des Antragstellers (Klägers) nichts anderes erreichen, als ein Negativbild von dem Sachverständigen aufbauen, mit dem Ziel, den Sachverständigen als unzuverlässig darzustellen.

Die Person des Sachverständigen ist in der Regel nicht das Ziel von Angriffen wobei die Ausnahme die Regel bestätigt. Die Verbreitung von Zweifeln an Gutachteninhalten durch umfangreiche Schriftsätze oder durch verbale Attacken in Verhandlungen gehört zum Standardrepertoire jedes Juristen.

Gerichtsfeste Gutachten, wie das in der Literatur hin und wieder zu lesen ist, gibt es nicht. Der Sachverständige muss versuchen Sachverhalte in einer Sprache niederzulegen, die dem Auftraggeber ohne wenn und aber den bearbeiteten Sachverhalt als plausibel erkennen lässt. Nur so kann er vermeiden, dass Interpretationsspielräume entstehen, die meistens auf eine offene Formulierung in einem Gutachten zurückzuführen sind. Nicht eindeutig beschriebene Sachverhalte, zögerlich benannte Folgerungen, unklare Ausdrucksweisen führen zu Lücken, die naturgemäß der Jurist aufspürt und für seine eigene Erfolgsstrategie nutzen muss, wenn er denn von seinem Mandanten als der in einem Fall richtig gewählte Anwalt gesehen werden will.

An dieser Stelle soll darauf hingewiesen werden, dass die Sprache des Sachverständigen eindeutig sein soll. Ausdrücke, wie könnte, hätte, würde, evtl. usw. gehören nicht in ein Gutachten hinein. Es ist nicht immer leicht sich zu einer eindeutigen Aussage durchzuringen, aber im Interesse der Klarheit eines Gutachteninhalts müssen Aussagen eindeutig sein.

In dem bereits zitierten Artikel über Anwälte haben die Autoren überzeugend auf das Spannungsfeld zwischen Sachverständigen und Juristen bei der Betrachtung von Gutachteninhalten oder der mündlichen Darstellung bei Anhörungen hingewiesen. Sie stellten wichtige Themenbereiche heraus und weisen darauf hin, wie wichtig das gegenseitige Verständnis zwischen Sachverständigen und Juristen ist, z. B. bei den nachgenannten Problemfeldern:

- die Stellung des Rechtsanwalts im Gerichtsprozess
- die Stellung des Sachverständigen zu Prozessbeteiligten
- Fehler in der Anhörung zur Erläuterung des Gutachtens
- das Verhalten der Rechtsanwälte
- der Umgang mit Rechtsanwälten und Gerichten.

Die in dem genannten Seminar behandelten Themen haben darauf hingewiesen, wie wichtig es ist, dass es zwischen Juristen und Sachverständigen zu einem Sprachausgleich kommen muss. Jeder muss sich in die Lage des Anderen versetzen können.

Nachfolgend soll der in Fachseminaren gelehrte, einfache und klare Aufbau eines Gutachtens mit seinen Inhaltsteilen, gleich welcher Fachrichtung dargestellt werden. Was gehört wohin? Jeder Sachverständige denke daran, dass im Zweifel fast jedes Wort, fast jeder Zusammenhang in seinem Gutachten auf den Prüfstand kommt, wenn es darum geht, dass eine Partei in einer prozessualen Auseinandersetzung einen Erfolg erringen will. Verständnis haben muss ein Sachverständiger dafür, dass mit seinem Gutachteninhalt manchmal erhebliche Auswirkungen auf eine Prozessentwicklung verbunden sind. Im Versicherungsfall können erhebliche Kostendifferenzen entstehen, wenn keine eindeutige Aussage in einem Gutachten den Weg zu einer Schadensregulierung erkennen lässt. Ein privater Auftraggeber wird seine Unzufriedenheit äußern, wenn der Sachverständige nicht zu einem von ihm gewünschten Ergebnis gekommen ist. Er weiß häufig nicht, dass ein Gutachter, den er beauftragt hat, in seiner Wertung frei von Vorgaben zu einem Ergebnis ist. Gutachter müssen sich neutral verhalten. Ein Gutachter muss sich während der Gutachtenerstellung, beispielsweise bei einer Ortsbesichtigung, und im Rahmen der schriftlichen Abfassung eines Gutachtens jeglicher bewertender Äußerungen enthalten.

Werden Sachverständige vom Gericht mit der Beantwortung von Beweisfragen beauftragt, so müssen sie sich strikt an diesen Auftrag halten. Ihre Ausführungen dürfen weder über die Beweisfragen hinausgehen, noch sind ihnen eigene Vergleichsbemühungen gestattet. Beantwortungen, die unstreitig weit über die Beweisfragen hinausgehen, können als Versuch gesehen werden, eine Partei fachlich zu beeinflussen. In diesem Fall können sie zu Recht wegen Besorgnis der Befangenheit abgelehnt werden. *»Ein Befangenheitsgrund kann darin liegen, dass der Sachverständige den Eindruck erweckt, eine streitige Behauptung zu Lasten einer Partei für erwiesen zu halten.«* (OLG Dresden, 17.09.03, – 11 W 1068/03).

Gelangen Schlussfolgerungen wie die Äußerungen eines Sachverständigen an einem Begehungsort »Ich kann zu dem Punkt 6 aus dem Beweisbeschluss beim besten Willen nicht erkennen, dass ein Schaden vorliegt« in ein Gutachten, z.B. als Bearbeitungsaussage, dann besteht die Gefahr, dass das Gutachten insgesamt abgelehnt wird.

Sachverständige sollten sich nicht in Streitgespräche bei einem Ortstermin verwickeln lassen und gegebenenfalls Ergebnisse aus derartigen Auseinandersetzungen in ein Gutachten einbringen, sozusagen als letztendliche Erklärung und als Nachweis des besonderen Wissenstands. Dazu gehört auch die Abqualifizierung eines bei einem Ortstermin vorgelegten Privatgutachtens, welches abgetan wurde mit dem herabwürdigenden Hinweis »das seien ja nur die Äußerungen eines Privatgutachters gewesen«.

So ist u. a. zu verstehen, dass die Auswahl geeigneter Sachverständiger aus den Bewerbern für ein Fachgebiet – wenn eine öffentliche Bestellung ansteht – sehr genau vorgenommen wird.

»Im Ausschuss wird die Spreu vom Weizen getrennt« lautet die Überschrift zu einem Artikel von Dr.-Ing. Martens in *Deutsches Ingenieur Blatt 3/1998.* Die einschlägige Fachliteratur weist immer wieder auf den Umstand hin, dass die öffentliche Bestellung nicht im Schnelldurchgang zu erreichen sei.

In den Unterlagen des *Instituts für Sachverständigenwesen e. V.,* z.B. in den Grundlagen für Baupreisermittlung und Abrechnung im Hoch- und Ingenieurbau mit anwendbarem Text für alle technischen Sachverständigensparten, heißt es: *»Generell verlangen die Bestellungskörperschaften von zu bestellenden Sachverständigen, dass sie besondere Kenntnisse im Aufbau und in der Abfassung von Gutachten besitzen. Der Bewerber muss in der Lage sein, sein fachliches Wissen in der einem Gutachten entsprechenden Form darzulegen. Dieses bedeutet insbesondere, dass alle für das Gutachten und das Verständnis bedeutsamen Tatsachen, Berechnungen und Überlegungen in geordneter, zum Ergebnis hinführender Weise dargestellt werden. Diese Darstellung muss insbesondere so erfolgen, dass ein Fachmann alle Daten und Gedankengänge, auf denen das Gutachten beruht, ohne weiteres nachprüfen und der Laie die gedankliche Ableitung nachvollziehen kann«.*

Zur Überprüfung der besonderen Sachkunde, wird in § 4 der Muster-Sachverständigenordnung des Industrie- und Handelskammertages bestimmt, dass verschiedene Gremien und Informationsquellen befragt bzw. benutzt werden können, um festzustellen, ob ein Bewerber über den Aufbau und Inhalt eines Gutachtens ausreichend informiert ist. Erkenntnisquellen können sein:

- Anhörung der für ein bestimmtes Sachgebiet bestehenden Fachgremien und Ausschüsse
- Einholung von Referenzen
- Vorlage von selbst gefertigten Gutachten des Bewerbers
- Einschaltung eines Fachgremiums
- andere Erkenntnisquellen

1.2 Probegutachten

Bestellungskörperschaften für die öffentliche Bestellung und Vereidigung von Sachverständigen verlangen Probegutachten als Nachweis, dass der angehende Sachverständige sich mit der Materie der Gutachtenerstellung intensiv befasst hat. Hier geht es darum, dass ein bearbeiteter Fall geordnet, in verständlicher Sprache aufgebaut wurde. Prüfungsausschüsse setzen sich genau mit der Darstellung eines geschilderten Falls auseinander und lehnen eingereichte Gutachten ab, die nicht als plausibel erkannt werden. Erstellte Probegutachten können in einem anschließenden mündlichen Gespräch in allen Einzelheiten hinterfragt werden. Nach einem festen Schema zu arbeiten, bedeutet Sicherheit in der sprachlichen Übersetzung eines Gutachtens zu erlangen.

1.2.1 Wer ist ein Sachverständiger?

Es ist zwar auf den ersten Anschein hin verblüffend, aber zutreffend, dass der Begriff »Sachverständiger« nirgendwo geschützt ist und gesetzlich nicht einmal definiert ist. Ganz allgemein kann man feststellen, dass dem Sachverständigen überdurchschnittlicher Sachverstand unterstellt wird, aber auch großes Fachwissen. Der Begriff »Sachverständiger« an sich verpflichtet aber nicht unbedingt zur Neutralität und Objektivität.

Angesichts dieser Feststellung wirft sich die Frage auf, ob der Sachverständige schutzlos ist. Kann sich ein Sachverständiger gegen jemanden zur Wehr setzen, der von sich behauptet, sachverständig zu sein, und damit werbend an die Öffentlichkeit tritt, obwohl Bedenken mit Händen zu greifen sind? Ja, es gibt einen solchen Weg: Die Unterlassungsklage, gestützt auf § 1 und/oder § 3 UWG (siehe auch OLG Frankfurt/M. am 11.11.88).

Im Wege der einstweiligen Verfügung war jemandem, der sich als Sachverständiger für Haus- und Grundstücksbewertungen werbend vorstellte, diese Werbung verboten worden. Die Entscheidung ist in der Begründung deswegen so interessant, weil sich das Gericht Mühe gab, die bisher fehlende Definition, was ein Sachverständiger überhaupt ist, nachzuholen. Es beginnt mit der Feststellung, bei einem Sachverständigen handele es sich nach allgemeinem Verständnis um eine Person mit besonderem Fachwissen. Der Sachverständige stelle aufgrund seiner besonderen Sachkunde gegebenenfalls Tatsachen fest und ziehe im Wege der Wertung aus den zugrunde liegenden Tatsachen in Anwendung seines Fachwissens konkrete Schlussfolgerungen. Ganz allgemein wird aber mit dem Sachverständigen weiterhin die Vorstellung verknüpft, dass er unabhängig, das heißt, unparteiisch sein Gutachten erstattet. Ausdrücklich

wird in diesem Zusammenhang hervorgehoben, das sei zumindest die land-
läufige Auffassung, die mit dem Begriff des Sachverständigen regelmäßig den
Gesichtspunkt der Unabhängigkeit verbinde. Jedermann erblicke im Sachverständigen einen neutralen, in seiner sachverständigen Tätigkeit von eigenen
gewerblichen Interessen unabhängigen Fachmann.

1.3 Der rote Faden

Für die tägliche Praxis eines Sachverständigen ist es unerlässlich, auch nach
Jahren eigener Tätigkeit, dass in unübersichtlichen Fallgestaltungen der rote
Faden nicht verloren geht. Der Sachverständige muss daran denken, dass i. d. R.
ein Gutachten nicht in einem Arbeitsgang abgearbeitet wird. Die Inhalte von
Beweisbeschlüssen oder die Aufgabenstellung durch private Auftraggeber
können verwirrend sein und es werden Nachfragen erforderlich. Angetroffe-
ne örtliche Gegebenheiten stehen nicht im Einklang mit Inhaltsteilen einer
Aufgabenstellung. Eine in zeitlichen Unterbrechungen verfasste schriftliche
Gutachtenbearbeitung kann dazu führen, dass Anfang und Ende eines Gutachteninhaltes nicht der Abfolge eines Beweisbeschlusses entsprechen, d. h.
der SV arbeitet nicht ständig an einem Gutachten, eventuell mit zeitlichen Ab-
ständen über Wochen, da er auf neue Informationen wartet. Daher kann es zu
Unstimmigkeiten in der logischen Abfolge kommen. Die getrennt erarbeiteten
Gutachtenabschnitte sind in ihrem Ergebnis nicht aufeinander abgestimmt
worden. Es lohnt sich über Jahre hinaus ein schriftlich einwandfrei gestaltetes
Gutachten als Grundsatzmuster für die nötige Abfolge der einzelnen Inhalts-
abschnitte griffbereit zu halten.

Schnell gelesen und ohne Berücksichtigung der individuellen Fallgestaltung
abgearbeitet, das sind verhängnisvolle Einschätzungen für einen Gutachtenauftrag. Jeder in der Praxis versierte Sachverständige wird feststellen, dass
kein Gutachten dem anderen gleicht, von Spezialbereichen mit Formulargut-
achtenerstellung abgesehen.

1.4 Die Eigenkontrolle

Mit einer öffentlichen Bestellung ist zwar die wesentlichste Hürde genommen,
damit ein Sachverständiger für Gerichte, Banken und Versicherungen tätig
werden kann. Aber unübersehbar bleibt die Nachkontrolle der Bestellungskörperschaften bestehen. Diese können in bestimmten Jahresrhythmen – z.B. die
IHKs im Fünfjahresrhythmus – selbst gefertigte Gutachten von dem Sachver-

ständigen verlangen mit dem Ziel, zu entscheiden, ob eine Weiterbestellung für die nächsten fünf Jahre ohne Bedenken erfolgen kann. Es besteht durchaus die Möglichkeit, dass vorerst nur auf zwei Jahre die öffentliche Bestellung ausgesprochen wird, z. B. bei einem neuen Fachgebiet. Oder wenn auf der einen Seite ein Sachverständiger mit einem besonderen Fachgebiet dringend benötigt wird, auf der anderen Seite die eingereichten Probegutachten nicht den gewünschten hohen Standard nachgewiesen haben und eine Vertiefung der nachgewiesenen Kenntnisse in Teilen noch erforderlich sind.

1.5 Die Kenntnisse über die Grundlagen

Über den richtigen Aufbau und Inhalt eines Gutachtens gibt es keine grundsätzlich anzuwendenden Bestimmungen, z. B. durch eine DIN-Bestimmung. Über die sprachliche Gestaltung eines Textes kann es keine grundsätzlich anzuwendenden Vorgaben geben. Es gibt Erfahrungsgrundlagen aus den verschiedensten Literaturquellen. Auf diese werden in Kapitel 7 hingewiesen bzw. es wird an einem Grundsatzfall (Kap. 7.1) aufgezeigt, welche Fallstricke in jedem Gutachtenabschnitt lauern können.

Als eine hervorragende Grundlage soll an dieser Stelle auf die Muster-Sachverständigenordnung des DIHK und auf die Mindestanforderungen an Gutachten des Instituts für Sachverständigenwesen (IfS) hingewiesen werden (siehe auch Kap. 6.2) Dringend muss darauf verwiesen werden, dass ein überragendes Wissen in einem Fachgebiet mit angrenzenden Fachbereichen allein nicht ausreicht, um eine öffentliche Bestellung und Vereidigung zu erlangen. Sachverständige müssen besondere Kenntnisse im Aufbau und in der Abfassung von Gutachten nachweisen können.

Das VG Stuttgart wies mit Urteil vom 09.05.03 (Az. 10 K 1758/01) die Klage eines Bewerbes zu einer öffentlichen Bestellung ab. Der Bewerber hatte bei der Bestellungskörperschaft keine Gutachten vorgelegt, die den Nachweis der »besondere Sachkunde« erbracht hätten. Nach § 4 Satz 2 der SVO konnte die Bestellungsbehörde die Vorlage von eigengefertigten Gutachten verlangen, *»... angesichts der Tatsache, dass es sich hier um den zentralen Aufgabenbereich des Sachverständigen handelt, sind insbesondere Kenntnisse über Inhalt, Aufgaben und Abfassung von Gutachten eine unabdingbare Grundvoraussetzung für die Bestellung zum Sachverständigen«.*

»Der Richter hat das Gutachten selbstständig und eigenverantwortlich einer kritischen Prüfung zu unterziehen. Er hat die dem Gutachten zugrunde gelegten Tatsachen oder festgestellten Befundtatsachen auf ihre Richtigkeit und Schluss-

folgerungen des Sachverständigen auf ihre Überzeugungskraft zu überprüfen. Daran misst sich die Eignung eines Gutachtens. Fehlende Verständnismöglichkeit seitens eines Gerichts führt zur Unbrauchbarkeit eines Gutachtens.« (Der Sachverständige 10/2001, Sachverständigenrecht).

»Auch bei einer Verlängerung der Bestellung müssen überdurchschnittliche Fähigkeiten und Kenntnisse vorhanden sein und Gutachten müssen verständlich und in wesentlichen Teilen nachvollziehbar begründet sein.« (VG Oldenburg 19.09.06, Az. 12 A 1737/; vollständig in den IfS Informationen 01./07 abgedruckt).

1.6 Was versteht man unter einem Gutachten?

Grundsätzlich stellt sich die Frage, was unter einem Gutachten überhaupt verstanden wird. Ein Bewerber muss in der Lage sein, das fachliche Wissen in der einem Gutachten entsprechenden Form darzulegen. Dies bedeutet insbesondere, dass alle für das Gutachten und das Verständnis bedeutsamen Tatsachen, Berechnungen und Überlegungen in geordneter, zum Ergebnis hinführender Weise dargestellt werden. Diese Darstellung muss so erfolgen, dass der Fachmann alle Daten und Gedankengänge, auf denen sein Gutachten beruht, ohne weiteres nachprüfen und auch der Laie die gedankliche Ableitung nachvollziehen kann.

Das heißt nichts anderes, als dass der Sachverständige seine Fachsprache erklären muss. Zusammenhänge in einer Gutachtenbearbeitung muss er so breit darstellen, dass diese von dem Laien begriffen werden. Er muss sein Gutachten nachvollziehbar aufbauen, d. h. es muss einen Anfang und ein eindeutiges Ende geben.

In der Fachzeitschrift *»Der Bausachverständige 4/2005«* wird in einem Leserbrief treffend darauf hingewiesen, dass es nicht ausreicht *»Verordnungen, Richtlinien, Normen und Anderes als Ersatz für eigenes Denken in einem Gutachten zu zitieren mit dem Hinweis auf die Fundstelle. Eigenes Denken muss aus einem Gutachten herauszulesen sein, Die Verbindung mit zwingenden Vorgaben in der Sache müssen hergestellt werden, um dann in einer für den Auftraggeber verständlichen Sprache ausgedrückt zu werden«.*

Nachfolgend seien drei Beispiele von für den Laien nicht nachvollziehbaren Inhaltsteilen aus verschiedenen Gutachten genannt. Der Sachverständige setzt voraus, dass der Leser Ausdrücke aus bestimmten Berufsbildern so kennt, dass er der Argumentation des Sachverständigen folgen kann.

»Die Trauflattung ist dermaßen aufgekeilt, dass die Unterspannbahn im Bereich des Nackenbleches vor dem Nackenblech eine Mulde bildet«. Wer, außer einem Baufachmann, vermag den Sinn dieser Aussage in einem Gutachten zu verstehen?

»Das führt dazu, dass z.B. Drehkipp-Fenster auf der Nase hängen und sich nur mit erhöhtem Kraftaufwand öffnen und schließen lassen«. Was mag die Nase mit einem Fenster zu tun haben? Was mag ein erhöhter Kraftaufwand sein, bzw. wie hoch mag ein üblicher Kraftaufwand für die Öffnung eines Fensters sein?

»Im Bereich des oberen Erkers ist ein unmittelbarer Kontakt zwischen dem Fensterblendrahmen und dem Pfettenholz des Erkers vorhanden«. Was mag ein »unmittelbarer Kontakt sein« und wie müsste der Kontakt, d.h. die Berührung zweier Bauteile richtig – auch optisch erkennbar – ausgebildet sein?

Wer nicht schreiben kann, sollte das lernen, so wie der Erwerb von Fachwissen erlernt werden muss. So gibt es beim IfS ein Tagesseminar »Gutachten richtig formulieren«. Der Seminarinhalt ist mit Sicherheit aus der Tatsache entstanden, dass bei den Bestellungskörperschaften zu viele nicht brauchbare Probegutachten eingereicht werden, ebenso wie es Klagen darüber gibt, dass erstattete Gutachten nicht ausreichen, um Fachinhalte nachvollziehbar zu erklären.

Es ist bekannt, dass es erhebliche Schwierigkeiten bereiten kann, mit einfachen Worten komplexe Zusammenhänge zu erklären. Manchem Techniker ist der Dauerbrenner »Erklären Sie mir eine Wendeltreppe!« aus dem Studium oder einer Fachfortbildung bekannt.

Wo Ingenieure, Unternehmer, Kaufleute, Wissenschaftler, Kunstexperten und viele andere die Kenntnisse erworben haben, ein Gutachten verständlich zu schreiben, danach fragt niemand. Sicher ist, dass die Anforderungen an die sprachliche Gestaltung von Gutachten erheblich zugenommen haben. Die Schere zwischen den Anforderungen an die Sachverständigen zwischen eigener Möglichkeit der Darstellung und den Anforderungen der Auftraggeber, insbesondere der Juristen in Bauprozessen, klafft merklich zunehmen auseinander.

Schon Cicero schrieb in seinem Werk »de Inventione« *»Es gibt sechs Fragen, die man stellen muss, um die Umstände menschlichen Handelns eindeutig beweisbar zu bestimmen: Wer? Was? Wie? Wo? Wann? Warum?«.*

Keinem Gutachter sei zu wünschen, dass ihm Aufbau und Inhalt eines Gutachtens als nicht überzeugend, nicht nachvollziehbar oder lückenhaft bewertet wird, da eventuell der logische Ablauf zum Ergebnis hin fehlt und deswegen die Brauchbarkeit angezweifelt wird, gegebenenfalls mit finanziellen Folgen.

Sachverständige erkennen häufig nicht, dass es ihre Aufgabe ist, vorgefundene Tatsachen nicht allein in den Zusammenhang mit bestimmten Normen, Bestimmungen und Verordnungen zu bringen. Er soll seine besonderen Kenntnisse auf seinem Fachgebiet dazu nutzen, sein umfassendes Wissen in Verbindung zu bestehenden Bestimmungen zu bringen, um einen anstehenden Fall plausibel zu erklären.

Beispiel: Die Wasseruhr zu einer ungenutzten Wohnung zeigte über Monate einen hohen Wasserverbrauch an. Nach der Öffnung des Fußbodens wird festgestellt, dass durch ein ca. 2,5 mm Durchmesser messendes Loch Wasser in dem Untergrund versickerte. Alle Beteiligten waren der Meinung dieses »kleine Loch« kann nicht die alleinige Ursache für den hohen Wasserverlust gewesen sein. Erst der Sachverständige konnte an Hand einer Tabelle aus dem Sanitärhandwerkerbereich nachweisen, dass in Abhängigkeit vom Wasserdruck, der Öffnung in dem Rohr und dem Zeitraum des Wasserabflusses sehr wohl die abgelesene Wassermenge entwichen sein konnte. Die weitere, aufwändige Suche nach anderen Leckstellen wurde eingestellt. Erhebliche zerstörende Eingriffe konnten so vermieden werden.

An Hand der genannten Tabelle, die in das Gutachten eingefügt wurde und mit dem Foto der Leckstelle konnte jeder rechnerisch nachvollziehen, dass es nur das eine Leck gegeben haben kann. Das überzeugend dargestellte Fachwissen in dem Gutachten führte zur erfolgreichen Schadensregulierung.

2 Woran fehlt es?

2.1 Kenntnis über die Bearbeitungsschritte

Es fehlt an der Kenntnis über die Abfolge der schrittweisen Bearbeitung von der Auftragsannahme eines Gutachtenauftrages bis zur Gutachtenabgabe.

- Ein Gutachten muss in ein Abfolgegerüst eingebaut werden. Die schrittweise Bearbeitung folgt dem Erkenntnisstand. Sind z.B. noch nicht alle Unterlagen zu dem Sachverhalt, der bearbeitet werden soll, bei dem Sachverständigen eingegangen, lohnt es sich nicht mit der Gutachtenbearbeitung zu beginnen. Neue oder ergänzende Unterlagen können die ganze bisherige Arbeit in Frage stellen.
- Ist noch nicht abzusehen, ob eine weitere örtliche Begehung erforderlich wird, lohnt es sich nicht, bereits Schlüsse zu einem Schadensergebnis zu ziehen.
- Ist es noch offen ob ggf. Nebenintervenienten einem Rechtsstreit beitreten, lohnt es sich nicht eine örtliche Begehung zu terminieren bzw. es wird eine erste Begehung mit den im Augenblick bekannten Parteien und deren Prozessvertretern zur allgemeinen Abklärung der zu bearbeitenden Sachverhalte angesetzt. Es wäre verhängnisvoll für den Sachverständigen, wenn eine Partei sich bei einer angesetzten Begehung übergangen fühlte.

2.2 Kenntnisse der Inhaltsfragen

Es fehlt an der Kenntnis darüber, was ein Auftraggeber aus einem Gutachten herauslesen will. Ein Sachverständiger hat sich nicht nach den Wünschen seines Auftraggebers zu richten. Er ist in seiner Ergebnisfindung unabhängig. Trotzdem wird sich ein Sachverständiger immer wieder bei einer Gutachtenbearbeitung die Frage stellen müssen, ob der Frageansatz in einem Gutachtenauftrag richtig gestellt ist. Es ist Sache des Sachverständigen auf Grund seiner besonderen Fachkenntnisse einen erteilten Auftrag dahingehend zu untersuchen, ob das zu erwartende Ergebnis vom Auftraggeber ebenfalls erwartet wird, wenn beispielsweise nach dem Wert einer Sache gefragt wird und der Sachverständige sich über Schäden an einer Sache auslässt, ohne die Kostenseite zu beachten. Er hat zu prüfen, ob ausgehändigte Unterlagen zur Aufgabenstellung gehören oder nicht.

»Grundsätzlich und in erster Linie ist zwar der Auftraggeber verpflichtet, das zur Erstellung des Gutachtens erforderliche Material zur Verfügung zu stellen. Der Sachverständige, der in seinem Gutachten Tatsachen feststellt, ist aber dafür verantwortlich, dass er die Feststellungen gewissenhaft getroffen hat ... seine Prüfungspflicht erstreckt sich zum einen auf die Frage, ob das Material zur Herstellung eines Gutachtens tauglich ist. Zum anderen muss sich der Sachverständige darüber klar sein, ob das zur Verfügung gestellte Material als von ihm geprüft und glaubwürdig in das Gutachten eingebracht werden kann oder nicht.« (Bayerlein, W.; Roeßner, W.: Praxishandbuch Sachverständigenrecht. 4. Auflage. München: C.H. Beck Verlag 1996, § 9 Rdn. 3, 4, 6, 7.)

Es besteht durchaus die Möglichkeit, dass sich besonders bei länger andauernden Prozessen erhebliche Aktenmengen ansammeln. Der Sachverständige muss selbstständig heraussuchen was von einem Aktenkonvolut für die Beurteilung zu dem Beweisbeschluss, den er bearbeiten soll, dazu gehört.

2.3 Kenntnisse über den richtigen Gutachtenaufbau

Alle Bearbeitungsschritte in einem Gutachten vom Auftragseingang bis zur Beifügung der für das Gutachten wichtigen Unterlagen, müssen erkennbar gegliedert sein. Es muss die schrittweise Hinführung zum Ziel, dem Gutachtenergebnis, erkennbar sein.

Die logische Abfolge eines Gutachtens herzustellen ist für jedermann erlernbar. Ein Gutachten ist im Regelfall keine wissenschaftliche Abhandlung, soll als eine solche auch nicht entwickelt werden. Vielleicht gerade deswegen, weil versucht wird sich wissenschaftlich auszudrücken, haben Sachverständige häufig Schwierigkeit sich leicht verständlich zu artikulieren. Sprachliche Gewandtheit verbunden mit schriftlicher Ausdrucksstärke ist bei weitem nicht jedem Sachverständigen gegeben.

Niemals soll der Sachverständige vergessen, dass jeder in der Lage sein muss, sein Gutachten zu lesen und zu verstehen. Ein einfaches Hilfsmittel zur Prüfung der Lesbarkeit eines Gutachtens ist es, einen Vorabzug einem Laien zum Lesen vorzulegen. Das kann z.B. ein Lebenspartner sein. Ein Mitarbeiter aus dem eigenen Büro wird wegen seiner abhängigen Stellung weniger geeignet sein Schreibstilmängel zu beanstanden. Lässt man einen geschriebenen Text einige Tage ruhen und liest dann erneut, werden fachliche Unausgewogenheiten und sprachliche Fehler schnell erkannt. Sich Textstellen laut vorlesen, führt dazu, dass nicht im Sprachfluss konstruierte Sätze dem Leser auffallen. Stockt der Sprachfluss, liegt ein Schreibfehler vor.

Davon auszugehen, dass der persönliche Schreibstil fehlerlos ist und jeder das Geschriebene versteht oder sich Mühe geben soll es zu verstehen, wäre eine leichtsinnige Denkweise. Die Probe, einen Text mit einem versierten Juristen durchzusehen, wird Auskunft darüber geben, ob der Sachverständige überzeugend schreiben kann, ob er verbal geschickt argumentieren kann.

3 Häufige Schwächen und Mängel und deren Folgen

3.1 Verfehlen der Fragestellung des Auftraggebers

Aufträge erhält der Sachverständige mündlich und in Schriftform. Im privaten Bereich werden Aufträge häufig mündlich am Telefon erteilt, da es sich überwiegend um eilige Entscheidungen in einer Sache handelt. Im Versicherungsbereich werden Aufträge häufig als Telefaxmitteilung oder als E-Mail erteilt. Im gerichtlichen Bereich werden Aufträge nur schriftlich erteilt.

Gleich wie die Aufgabenstellung dem Sachverständigen mitgeteilt wird, ist es die erste Aufgabe des Sachverständigen festzustellen:

- Fällt die Aufgabe in meinen Sachbereich, für den ich mich als Sachverständiger ausgebe, bzw. für den ich eine öffentliche Bestellung und Vereidigung besitze?
- Verstehe ich, was der Auftraggeber von mir verlangt?

Unerheblich davon wie umfangreich der Auftragsinhalt ausfällt, muss der Sachverständige sich genauestens mit dem Auftragsinhalt auseinandersetzen. Ist der Auftragsinhalt am Telefon übermittelt worden, ist ein Inhaltsprotokoll anzufertigen, welches dem Auftraggeber zur Gegenzeichnung – eventuell zugleich mit einem Auftragsformular – umgehend zuzustellen ist. Ist Eile geboten, besteht die Möglichkeit an Ort und Stelle des Schadens ein Auftragsformular vom Auftraggeber unterschreiben zu lassen. In ein Gutachten gehört hinein, wie der Auftrag zustande gekommen ist und wie dieser erteilt wurde. Ein allgemeiner Fehler besteht darin, dass es am Telefon zu Missverständnissen mit dem Auftraggeber kommen kann, der denkt, er hätte sich im anstehenden Sachverhalt eindeutig ausgedrückt. Der Sachverständige wiederum ist der Meinung er habe aus seiner Sicht den richtigen Inhalt für die Gutachtenerstellung erkannt.

Wenn der Sachverständige auf der Basis eines Telefongesprächs umfängliche Untersuchungen vornimmt und ein Gutachten erarbeitet, kann es zu unangenehmen Folgen kommen bis hin zur Verweigerung der Annahme durch den Auftraggeber. Der Auftraggeber behauptet sich so nicht ausgedrückt zu haben, das Gutachten sei für ihn wertlos. Mit dem Ergebnis, dass er die Honorierung verweigert.

Liegt eine private schriftliche Auftragsformulierung vor, so muss der Sachverständige sich darüber im Klaren sein, dass es seine Aufgabe ist, gegebenenfalls die Formulierung neu aufzusetzen, damit ein Auftragsinhalt entsteht, den er bearbeiten kann. Der Auftraggeber ist generell als Laie anzusehen, von dem nicht erwartet werden kann, dass er einen anstehenden Sachverhalt so beschreiben kann, dass seine Beschreibung abarbeitungsfähig ist.

Liegt ein Gerichtsauftrag vor, so werden i.d.R. einzelne Punkte genannt, die bearbeitet werden müssen. Die Punkte sind aus dem Beweisbeschluss zu entnehmen und sind nur in den seltensten Fällen fachlich überarbeitet. Wer sollte das auch machen? Ein Richter ist kein Fachmann für spezielle Fragen, gleich welcher Art. Es kann geschehen, dass nur zu einigen Punkten eines Beweisbeschlusses der Sachverständige Stellung nehmen soll, dann sind die übrigen Punkte bereits geklärt, die Bearbeitung entfällt. Theoretisch kann ein Richter einen Sachverständigen zu einer Anhörung laden, um einen komplizierten Sachverhalt als einen bearbeitbaren Beweisbeschluss zu gestalten. In den seltensten Fällen erfolgt eine derartige Befragung eines Sachverständigen. Die Gründe mögen vielfältig sein, die zeitliche Überlastung von Gerichten mag ein wesentlicher Grund dafür sein.

Einem Gerichtsgutachten liegen allgemeine Unterlagen in unterschiedlichem Umfang als Anlagenkonvolute bei.

Jedes Blatt muss von dem Sachverständigen so genau gelesen werden, dass er sich darüber im Klaren ist, ob die geschilderten Umstände Einfluss auf die Gutachtenerstellung haben können. Zur Unterstützung der Argumentation eines Sachverständigen in einem Gutachten wird auf Seitenzahlen mit Absätzen gegebenenfalls aus der Gerichtsakte verwiesen. Es werden keine Aktenauszüge einem Gutachten beigefügt.

Gerichte verlangen, dass Sachverständige sich zuerst mit dem Auftragsinhalt auseinander setzen, bevor sie einen Auftrag übernehmen. Das bedeutet gegebenenfalls umfängliche Lesezeit. Für das Einarbeiten in Fachbereiche, die dem Sachverständigen nicht geläufig sind, wird i.d.R. von Gerichten kein Kostenersatz geboten. Es wird davon ausgegangen, dass ein Sachverständiger in allen Bereichen, die zu seinem Sachverständigengebiet gehören »die besondere Sachkunde« besitzt.

In dem Fachbuch »Vom Architekten zum Bausachverständigen« (Neimke, L.: Stuttgart: Fraunhofer IRB Verlag, 2007) wird auf S. 112 ff. darauf eingegangen, wie es der Sachverständige ermöglicht, einen Text schnell zu lesen, um zumindest vorab das Wesentlichste an einem Auftragsinhalt zu erkennen. Es darf nicht passieren, dass beim Studium eines Auftragsinhalts eventuell übersehen wird, dass Teile nicht bearbeitet werden können, da sie nicht in das Fachgebiet des Sachverständigen fallen. **Beispiel** aus einem Gerichtsauftrag mit Fragen zu mangelhaften Tischlerarbeiten: »Der Sachverständige möge ebenfalls darüber eine Aussage machen, ob es bei der Verwendung von Einbauschaum (beim Einsetzen von Fenstern) zu gesundheitsschädigenden Ausdünstungen gekommen ist?«. Die Frage fällt eindeutig nicht in das Fachgebiet eines Bausachverständigen, sie wäre durch einen Chemiker oder Mediziner zu beantworten. Etwas anderes wäre es gewesen, wenn nach der Haltbarkeit von Einbauhilfen gefragt worden wäre. Hier hätte ein Bausachverständiger auf Grund seines Fachwissens umfangreich Auskunft geben können. Schnell lesen ist keine Kunst. Jeder Sachverständige kann sich das Schnelllesen aneignen, ständige Übung vorausgesetzt.

3.2 Unzureichende Aktenauswertung

Es genügt nicht, ganz gleich von welchem Auftraggeber ein Auftrag vorliegt, diesen nur bruchstückhaft vor einer Auftragsannahme oder aber auch während einer Auftragsbearbeitung durchzuarbeiten. Der Sachverständige muss Seite für Seite jedes Anlagenstück durchlesen und verstehen. Nur so ist es möglich ein lückenloses Gutachten zu erstellen. Unterschiedlich umfänglich sind neben den Fragestellungen an den Gutachter anwaltliche Schriftsätze, Unterlagen die eine Ergänzung zu der Fallbeschreibung betreffen sind eventuell der Gerichtakte beigefügt.

Im gerichtlichen Bereich kann ein Prozess über mehrere Jahre laufen und durch Vorinstanzen mit umfangreichen Urteilsbegründungen versehen sein. Es können bereits Gutachten anderer Sachverständiger vorliegen, es können Stellungnahmen von eingeschalteten Instituten vorliegen, es können in einem Prozess zu einem späteren Zeitpunkt Nebenintervenienten hinzugekommen sein, die über den weiteren Verlauf der Begutachtung unterrichtet sein wollen.

Gerichte haben wiederholt darauf hingewiesen, dass das Aktenstudium im Vorfeld einer Auftragerteilung auf das erforderliche Minimum zu beschränken ist, da noch nicht sicher ist, ob es zu einer Auftragserteilung kommen kann. Trotzdem muss der Sachverständige erkannt haben, ob der angetragene Fall in seinen Aufgabenbereich fällt. Ob der genannte Entschädigungsbetrag für die Bearbeitung ausreicht und ein eventuell gesetzter Termin für die Fertigstellung gehalten werden kann.

Um 2.487 Seiten durchzulesen konzedierte das OLG Hamm am 31.03.00 dem Sachverständigen einen Zeitaufwand von 12 Std. Er hatte aber 93.5 Std. zur Verrechnung abgerechnet.

Das Bundesverfassungsgericht stellte am 26.07.07 (1 BvR 55/0) fest, *»... dass von Gerichten Stundenzahlen, die von Sachverständigen in der Abrechnung genannt werden, nicht aufgrund einer Schätzung gekürzt werden dürfen.«* An den beiden inhaltlich unterschiedlichen Urteilen ist zu erkennen, wie wichtig es ist, dass der Sachverständige genaue Zeitaufzeichnungen für alle Arbeitsschritte bei einem Gutachten erstellt. Diese können im Zweifel auch für die Lesezeit von Gerichtsunterlagen von Nutzen sein. Ein Sachverständiger muss Akten richtig lesen können und Inhalte bewerten:

- Schriftsätze, die auf gerichtsinterne Abstimmungen hinweisen, wie z.B. die Festlegung der Zuständigkeit eines Gerichts sind uninteressant.
- Häufig sind umfangreiche Schriftsätze 1x als Telefax und 1x als Papierstück in der Akte enthalten. 1x lesen genügt.
- Schriftsätze, die sich mit der Auswahl eines Sachverständigen und dessen Auslassungen zu einer Beauftragung oder Ablehnung sind für den Fall uninteressant.
- Aktenordner mit Unterlagen müssen insgesamt durchgesehen werden, besonders, wenn eine Auflistung des Inhalts jeder Akte vorhanden ist und sie sind daraufhin zu überprüfen, ob alle genannten Unterlagen in jeder Akte auch vorhanden sind.

Sachverständige, die über den engen Inhalt eines Beweisbeschlusses hinweg arbeiten, laufen Gefahr, dass ihr Gutachten unberücksichtigt bleibt. Honorarkürzungen können die Folge sein. Ein privater Auftraggeber wird eventuell kein Honorar zahlen, wenn er erkennt, dass der Sachverständige sich nicht an den Auftragsinhalt gehalten hat.

Der Sachverständige hat jedes wichtige geschriebene Wort zu lesen, gegebenenfalls zu werten. Es dürfen keine Sachlücken durch übersehene Texte, die im Zusammenhang mit einem Beweisbeschluss zu sehen sind, entstehen.

3.3   Mangelhafte Nachvollziehbarkeit

Wie ist der Sachverständige zu seinem Ergebnis gelangt?

- Ein Auftraggeber kann nicht nachvollziehen warum der Sachverständige zu einem bestimmten Vorschlag einer Schadensbehebung gekommen ist, wenn nach seiner Meinung andere Möglichkeiten bestanden hätten.
- Das entstandene Ergebnis lässt sich nicht aus den vorhergehenden Schadensbeschreibungen ableiten.
- Es bestehen Berechnungslücken.
- Es bleibt unklar wie der Sachverständige an die von ihm genannten Ergebnisse einer Untersuchung gelangt ist.
- Zeitliche Abfolgen von vorgenommenen Untersuchungen mit ihrem jeweiligen Ergebnis sind nicht genannt.
- Unklar bleibt, wer bei den einzelnen Begehungen am Ort einer Untersuchung anwesend war.
- Zeitfolgen sind nicht genannt, wie lange war der Sachverständige an einem Untersuchungsort?

Immer wieder muss bei einer Gutachtenbearbeitung der Sachverständige lesen, was er geschrieben hat, besonders wenn es zeitliche Unterbrechungen bei der Bearbeitung gegeben hat. Der versierte Fachmann, und damit sind vorrangig Juristen gemeint, merkt genau, wann z. B. der Sachverständige sich Ergebnisse in einem Untersuchungsfall hat zuarbeiten lassen ohne besonders darauf hinzuweisen, dass er selbst nicht tätig gewesen ist.

Beispiel: Sechs Einfamilienhäuser sollten einzeln bewertet werden. In zwei Gutachten zu zwei Häusern war unter dem Punkt »Teilnehmer an der örtlichen Begehung«, zweimal der Sachverständige selbst mit seiner Mitarbeiterin genannt. Bei vier Häusern war nur die Mitarbeiterin genannt.

Der Prozessbevollmächtigte einer Partei stellte schriftlich die Frage, ob der Sachverständige selbst die weiteren vier Häuser angesehen hatte, wenn ja, warum es darüber keinen Hinweis in der Auflistung der bei der Begehung beteiligten Personen gibt. Es war nicht nachvollziehbar, warum der Sachverständige sich nur zwei Häuser selbst angesehen hatte. Ebenfalls fehlte eine Begründung dafür, warum der Sachverständige es für nicht nötig erachtet hatte die weiteren vier Häuser selbst zu begehen. Vier von den sechs Gutachten waren mit einem Mangel behaftet.

Beispiel: Bei einem Brandschaden in einem mehrgeschossigen Gebäude war im Erdgeschoss ein Blumenladen eingerichtet. Es kam bei der Brandlöschung zu einem erheblichen Wassereinsatz. Der für die Bewertung der Schäden an den Grünpflanzen eingeschaltete Sachverständige zählt auf, welche Warenbestände »vernichtet« worden waren und kam zu einer Kostenbewertung.

Nicht genannt hatte er in seinem Gutachten warum Blumen und Pflanzen durch Wasser so geschädigt wurden, dass diese nicht mehr verkäuflich waren. Wieso hatte Wasser an Pflanzen einen Totalschaden angerichtet? Hier fehlte eine nachvollziehbare Begründung.

Beispiel: Ein Sachverständiger musste in einem Gutachten darauf eingehen, wo echter Marmor und wo Stuckmarmor verwendet wurde. Er erklärte den Unterschied dadurch, dass echter Marmor sich kalt anfühlt während Stuckmarmor sich warm anfühlt. Mit Recht fragt der Laie, wieso ist das so und kann man mit »Handauflegen« ein technisch einwandfreies Ergebnis erlangen? Eine Probenentnahme war für eine nachvollziehbare Begründung des Materialunterschiedes erforderlich mit einer chemischen Analyse der genommenen Proben.

Zeitmangel am Ort des Geschehens und in der Bearbeitung des Gutachtens kann und darf kein Grund für eine oberflächliche Gutachtenbearbeitung sein.

3.4   Mangelhafte Nachprüfbarkeit von Ergebnissen

Ein immer wieder geäußerter Kritikpunkt an Gutachten - gleich welcher Fachrichtung - ist die Nachprüfbarkeit eines Ergebnisses. In vielen Sachbereichen müssen neben dem herausragenden Sachverstand des Gutachters Hilfsmittel zur Ursachenerforschung eingesetzt werden. Diese Hilfsmittel reichen von der Kamera bis zu aufwändigen Geräten.

Berücksichtigt werden muss, dass die Spannen der zu erzielenden Genauigkeit eines Ergebnisses durch immer genauer werdende Geräte enger werden. Was versteht man unter »genau«?

Die Fehlstellen in einer Holzkonstruktion werden sicher ungenauer dargestellt, als Fehler in einem Motorengetriebe. Schallschutz wird in einem Sendesaal anders bewertet werden als in einem Wohnhaus.

Es gehört zu dem heutigen Standard eines Gutachtens, dass im Anhang oder Vorspann genannt wird, womit das letztendlich genannte Ergebnis erreicht wurde. Jedes Fachgebiet hat seine Möglichkeiten der genauen Ursachenermittlung. So muss jeder Sachverständige auf seinem Fachgebiet immer auf der Suche sein, wo es neueste und überzeugende Hilfsmittel gibt, und ob diese die in seinem Fachgebiet zu erzielenden Ergebnisse verbessern.

Für jedes Fachgebiet, welches von Sachverständigen bearbeitet wird, gibt es Fachliteratur, in der sich Gerätehersteller vorstellen. Für Bausachverständige ist in dem bereits genannten Fachbuch »Vom Architekten zum Bausachverständigen« (Neimke, L.: Stuttgart: Fraunhofer IRB Verlag, 2007) auf S. 80 ff. eine Liste der vorrangigen Anbieter für Messgeräte im Bauwesen genannt.

- Eine Fläche mit einem Zollstock ausgemessen kann zu einem ungenaueren Ergebnis führen als mit einem Lasermessgerät gemessen.
- Schichtdicken von Farbschichten oder von einem Zinkauftrag können mit einem speziellen Schichtdickenmessgerät genauer gemessen werden als mit sonst einem Hilfsmittel.
- Mangelnde Wärmedämmung wird mit moderner Thermografie überzeugender gemessen als durch Probebohrungen.
- Die Schublehre hat es schon immer gegeben, digital geführt mit einer Displayangabe bedeutet das einen Fortschritt bei der Messung und wirkt überzeugend bei der Handhabung.
- Ein digital arbeitender Winkelmesser oder eine Wasserwaage wird eher ein zweifelsfreies Messergebnis liefern als konventionelle Geräte (»Herr Sachverständiger, wenn sie genau senkrecht auf die Libellenanzeige der Wasserwaage sehen, dann werden auch Sie erkennen, dass eine Neigung des Fußbodens besteht, wenn auch ganz gering«).

Gute Geräte sind teuer. Alle Geräte veralten schnell, daher muss jeder Sachverständige für sich entscheiden, ab welchem Genauigkeitsgrad einer Sachbeurteilung besondere Fachleute oder Institute eingeschaltet werden müssen. Es kann einen Sachverständigen nur auszeichnen wenn er bei einer durchzuführenden Untersuchung zu erkennen gibt, dass mit seinem Equipment der geforderte Genauigkeitsgrad nicht erreicht werden kann. Selbst mit Erfahrungsmethoden und Schätzungen zu arbeiten, weil er das immer so gemacht hat, wird den modernen, auf Genauigkeit sehenden Sachverständigen nicht auszeichnen. Spätestens bei der Durcharbeitung eines Gutachtens wird ein Jurist die Schwachstelle »Genauigkeit« feststellen und gegebenenfalls das Gutachten wegen mangelnder Nachprüfbarkeit der Genauigkeit eines genannten Ergebnisses anfechten (siehe Kap. 5.9, Geräteeinsatz).

Der Sachverständige denke daran, dass jedem Auftraggeber die Möglichkeit gegeben sein muss, das in einem Gutachten erzielte Ergebnis zu hinterfragen, gegebenenfalls eigenständig Untersuchungen durchzuführen.

3.5 Unvollständige oder widersprüchliche Ausführungen

Ein wesentlicher Fehler ganz allgemein ergibt sich aus der Tatsache, dass Sachverständige bei der Gutachtenbearbeitung nicht aus ihrem Fachwissendenken herauskommen. Sie kommen nicht auf den Gedanken, dass sie für Laien schreiben. Das Problem ist allgemein bekannt, hochkarätige Fachleute können nicht erklären was sie nun genau meinen. Bei Vorträgen verstehen nur Fachleute die Ausführungen, der Rest der Zuhörer versucht sich eventuell durch Fragen dem erläuterten Problem zu nähern.

Texte erscheinen für den Leser unvollständig, weil der Sachverständige bedingt durch die Gefangenheit in seinem Sachwissen für ihn unwesentliche Erläuterungen überschlägt. Zugleich können scheinbar widersprüchliche Angaben ungewollt entstehen.

In einen Fall eingeschaltete Juristen durchsuchen Gutachten nicht nur dahingehend, ob fachliche Fehler vorhanden sind, sondern sie suchen nach Lücken in dem logischen Ablauf eines Gutachtens. Wenn sie nicht verstehen wollen, was der Sachverständige geschrieben hat, werden sie ein Gutachten anfechten. Umfangreiche Schriftsätze muss der Sachverständige dann gegebenenfalls beantworten, ganz abgesehen von mündlichen Anhörungen, wenn es sich um eine prozessuale Auseinandersetzung handelt.

Die längerfristige Arbeit an einem Gutachten kann dazu führen, dass an Ansatzstellen, z. B. bei der erwarteten Übernahme von extern angefordertem vertieftem Wissen in einer Sache, Brüche in der logischen Abfolge der Abwicklung einer Schadensbeschreibung entstehen können. Hier helfen einige einfache aber erfolgreiche Vorgehensweisen:

- Bei jedem Neuansatz einer Gutachtenbearbeitung den gesamten bisher geschriebenen Text erneut lesen.
- Einen in der Sache Unbeteiligten nachlesen/nachrechnen lassen.
- Gutachtenteile oder das gesamte Gutachten mehrere Tage liegen lassen, um dann sich neu einzulesen.
- Strenge Gliederung des Textes, auf die noch eingegangen wird.
- Überprüfung, ob wirklich alle Fachausdrücke unerklärt in einem Gutachten erscheinen müssen.
- Zitieren von Grundsatzwissen aus der Fachliteratur (z. B. Was ist ein Fehler: ein Mangel oder ein Schaden?)

Beispiel: *»Leider gibt es zwischen dem Begriff »Fehler« und »Mangel« im Bauvertragsrecht keinen Unterschied. Immer wieder werden die Inhalte der Begriffe sowohl von Bausachverständigen als auch Juristen verwechselt oder ungenau interpretiert. Hinzu kommt noch, dass der Sachverständige in seinen Gutachten streng auseinander halten muss, was unter einem Baumangel und einem Bauschaden verstanden werden muss. Spätestens hier begibt sich der Sachverständige auf das juristische Parkett, denn die Erklärungen für die vorgenannten Begriffe werden durch juristische Publikationen geliefert, mit Begründungen aus den verschiedensten Gerichtsurteilen«* (Auszug aus einem Artikel zu »Fehler-Mangel-Schaden«, Trockenbau-Akustik Nr. 9/04).

Ähnlich verhält es sich mit dem immer wieder zitierten Begriff der »Anerkannten Regeln der Technik«. Hier ist es Aufgabe des Sachverständigen aus Beweisbeschlüssen herauszulesen, ob der Begriff im Zusammenhang mit einem Beweisbeschlusspunkt richtig verwendet wurde, oder ob nicht ein Interpretationsfehler zu anderen, ähnlich klingenden Begriffen vorliegt. Es ist Aufgabe des Sachverständigen in seinem Gutachten die richtigen Feststellungen zu den Fragen aus einem Beweisbeschluss zu ermitteln. Baut er auf einer falschen Fragestellung sein Gutachten auf, hat er die nötige Prüfung der ihm überlassenen Unterlagen versäumt. Nachfolgend Ausführungen darüber was mit welcher Regel gemeint ist.

3.5.1 Normen und Regeln im Bereich der Technik

Recht und Technik gehen immer mehr ineinander über. Viele Gesetze verweisen auf technische Normen und schaffen so Voraussetzungen für mögliche Haftungsfolgen. Für den Techniker ist es häufig schwer, die nur in Nuancen unterschiedlichen juristischen Definitionen technischer Begriffe im Detail zu kennen. Hier die wichtigsten Begriffe im Überblick:

- VDE-Bestimmungen des Verbandes Deutscher Elektrotechniker, die auch als DIN-Normen veröffentlicht werden
- DVGW-Arbeitsblätter des Deutschen Vereins des Gas- und Wasserfaches
- VDI-Richtlinien des Vereins Deutscher Ingenieure – Technische Regelwerke der Ausschüsse für Überwachungsbedürftige Anlagen nach § 24 Gewerbeordnung.

Sie haben in technischen Bereichen für Produktion und Sicherheit große Bedeutung, weil sie Anhaltspunkte für Konstruktion und Produktion geben und Sicherheitsmaßstäbe setzen.

Normen stehen rechtlich im Rang unterhalb staatlicher Vorschriften, sie greifen dann, wenn im Gesetz oder in Unfallverhütungsvorschriften ausdrücklich auf Normen und (allgemein) anerkannte Regeln der Technik verwiesen wird. Sie haben auch dann Bedeutung, wenn weder in einer Arbeitsschutzvorschrift noch in einer Unfallverhütungsvorschrift eine Regelung enthalten ist. Es besteht rechtlich kein Zwang, Normen anzuwenden. Sie haben jedoch bei straf- oder haftungsrechtlicher Beurteilung im Rahmen der Überprüfung der Fahrlässigkeit große Bedeutung erlangt. Wer sich an Normen und Regeln und damit an allgemein anerkannte Regeln der Technik hält, hat zumindest den ersten Anschein für sich, sicher gehandelt, also nicht fahrlässig etwas getan oder unterlassen zu haben. Dennoch – und darauf sei nachdrücklich hingewiesen – kann eine Haftung sowohl im Zivil- wie im Strafrecht auch dann bestehen, wenn alle Normen eingehalten wurden.

3.5.2 Allgemein anerkannte Regeln der Technik

Sie entwickeln sich aus einer Regel der Technik und entstehen, wenn Einwände gegen eine erarbeitete Regel keine Mehrheit finden. Sie entsteht ferner, wenn Ergänzungs- oder Änderungsvorschläge zu einer Regel in deren Neufassung berücksichtigt werden und die Mehrzahl der Fachleute, die diese Regel anzuwenden hat, von ihrer Richtigkeit überzeugt ist.

Allgemein anerkannte Regeln der Technik setzen demnach voraus, dass die Mehrzahl der Fachleute, die sie anzuwenden hat, davon überzeugt ist, dass die Regeln den sicherheitstechnischen Anforderungen entsprechen. Es ist unerheblich, ob einzelne Fachleute oder kleine Gruppen von Fachleuten die Regeln nicht anerkennen oder überhaupt nicht kennen. Maßgebend ist die allgemeine Durchschnittsmeinung, die sich in den Fachkreisen gebildet hat. Die Regeln müssen in der Praxis erprobt sein und sich allgemein bewährt haben. Es genügt nicht, dass nur im Fachschrifttum die Ansicht oder an Fachschulen die Lehrmeinung vertreten wird, eine bestimmte Regel entspreche den technischen Erfordernissen.

3.5.3 Stand der Technik

Darunter versteht man den Entwicklungsstand fortschrittlicher Verfahren, Einrichtungen oder Betriebsweisen, der die praktische Eignung einer Maßnahme (zur Begrenzung von Emissionen) gesichert erscheinen lässt. Bei der Bestimmung des Standes der Technik sind insbesondere vergleichbare Verfahren, Einrichtungen oder Betriebsweisen heranzuziehen, die mit Erfolg erprobt worden sind (§ 3 Abs. 6, Bundesimmisionsschutzgesetz).

3.5.4 Normen

Normen sind weder Gesetze oder Verordnungen noch Unfallverhütungsvorschriften. Sie werden von privaten Normensetzern erarbeitet und überwiegend in Fachzeitschriften veröffentlicht. Normen sind z. B. DIN-Normen des Deutschen Instituts für Normen. Zu den anerkannten Regeln der Technik zählen z. B. die DIN-Normen, VDE-Bestimmungen, VDI-Richtlinien und Technische Regelwerke. Es gibt auch einzelne allgemein anerkannte Regeln der Technik, die unter Fachleuten nur mündlich überliefert sind.

3.5.5 Anerkannte Regeln der Technik (aRdT)

Sie bedürfen der schriftlichen Fixierung und sind eine technische Festlegung, deren Inhalt von der Mehrheit der Fachleute als zutreffende Beschreibung des Standes der Technik zum Zeitpunkt der Veröffentlichung anerkannt wird. Dies ist bei technischen Festlegungen zu vermuten, die nach einem Verfahren zustande gekommen sind, das allen betroffenen Fachkreisen die Möglichkeit zur Mitwirkung bietet.

3.5.6 Regeln der Technik

Darunter versteht man eine Regelung, die von einem Kreis von Fachleuten zu einem bestimmten Gebiet erarbeitet und als Beurteilungsmaßstab vorgeschlagen worden ist. Solche Regeln der Technik müssen sich erst einmal einer öffentlichen Fachdiskussion stellen, also eine Bewährungsprobe überstehen. Sie müssen sich Einwände und Kritik aus Fachkreisen gefallen lassen. Sie sind der erste Schritt auf dem dornenreichen Weg zu einer anerkannten Regel der Technik. Regeln der Technik sind noch nichts Endgültiges.

3.5.7 Richtlinie

Darunter versteht man eine Verwaltungsvorschrift, die dazu dient, Organisation und Handeln der Verwaltung näher zu bestimmen. Sie regelt die Beschaffenheit von Einrichtungen, Arbeitsverfahren, Arbeitsvorgängen, Arbeitsstoffen usw., für die es noch keine Verhütungsvorschrift gibt. Sie sollte unbedingt befolgt werden, sofern sie allgemein anerkannte sicherheitstechnische und arbeitsmedizinische Regeln aufgenommen hat.

3.5.8 Stand der Technik und Wissenschaft

Darunter versteht man die höchste Stufe, die erreichbar ist »Stand der Technik und Wissenschaft« hat einen höheren Stellenwert als »Stand der Technik«. Der Zusatz »Wissenschaft« verlangt die experimentelle Erprobung und Anwendung wissenschaftlicher Erkenntnisse, aus denen technische Regeln abgeleitet worden sind. Technische Spitzenleistungen, die wissenschaftlich abgesichert sind, entsprechen dem Stand der Technik und Wissenschaft. 3.5.1–3.5.8 sind entnommen aus: »Ing. Letter« Gerling, 1998, Kap. 3.5.

3.6 Unzureichende Überzeugungskraft durch fehlende Quellenangaben und Prüfkriterien

Woher kommt das geäußerte Spezialwissen in einem Gutachten? Der Sachverständige lebt von seinem sich ständig erweiternden Fachwissen. Jeder bearbeitete Fall wird ihn ein Stück weiter führen. Veranstaltungen werden besucht, Fachzeitschriften und Fachbücher gelesen. Das Internet ist eine inzwischen selbstverständliche Plattform für die Wissensvergrößerung.

Was nützt das alles, wenn der Leser eines Gutachtens nicht in die Lage versetzt wird, sich selbst davon zu überzeugen, ob die genannten Fakten so wie geschrieben widerspruchslos übernommen werden können?

Der Leser verlangt die Angabe von Quellen. Quellenangaben umfassen

- Titel des Buches, Autorenname, Herausgabedatum und ISBN
- Titel der Zeitschrift, Titel des zitierten Artikels, Ausgabejahr, Ausgabefolge, ggf. Seitenzahl
- Hinweis auf eine Internetfundstelle z. B. eines allgemein zugänglichen Suchprogramms, aus dem das Fachwissen gezogen wurde.

Zwingt der Sachverständige sich zu diesen Angaben, dann muss er selbst prüfen, ob er mit aktueller Literatur oder aktuellen Internet-Fundstellen arbeitet. Die Abfrage bei einer Fachbuchhandlung sollte immer erfolgen. Hat der Sachverständige Teile seines Wissen aus einer Datenbank abgefragt, z. B. im Bauwesen unter www.baufachinformation.de oder in SCHADIS unter www.irb.fraunhofer.de/schadis, dann sind auch diese Fundstellen in einem Gutachten als Quellenangabe zu nennen.

Beispiel: In einem Streitfall geht es um die Schalldämmung in einem Fußbodenaufbau einer Wohnung, die ca. 1960 errichtet wurde. Durch den Austausch des Bodenbelages 2003 soll nach einem Sachverständigengutachten das aktuelle Trittschalldämmmaß überschritten worden sein. Der Sachverständige hat nicht geprüft, welche Konstruktion mit welchem Dämmergebnis zum Erbauungsjahr vorgesehen war. Er hat übersehen, dass ein Bodenbelag nicht zur errechnenden Trittschalldämmung hinzugezogen werden darf. Hier war es erforderlich ausführlich in dem Gutachten darauf einzugehen, welche Prüfkriterien zu welchem Zeitpunkt anzuwenden waren. So wurden z. B. regional in den 60er Jahren keine Baugenehmigungen erteilt, wenn nicht in dem Bauantrag genau beschrieben wurde, welche Materialien für den damals geltenden Trittschallschutz vorgesehen waren.

Mit den Prüfkriterien ist gegebenenfalls anzugeben, welcher Genauigkeitsgrad in einem Untersuchungsergebnis erreicht wurde mit dem Hinweis, welcher Genauigkeitsgrad gefordert wurde. Die zweite Dezimalstelle hinter dem Komma wird im Normalfall ausreichen, in anderen Fällen werden eventuell fünf Stellen hinter dem Komma benötigt.

Fehlt die Angabe, ob das Ergebnis in einem Gutachten absolut, d. h. einmalig ist oder ob es weitere Ergebnisse, eher unwahrscheinlich aber doch möglich, gibt, dann fehlt ein Überprüfungskriterium für den Leser des Gutachtens. Gegebenenfalls sind Methoden zu nennen, nach denen der Sachverständige zu seinem Ergebnis gelangt ist. Z. B. nach der »Zielbaummethode«.

Glaube niemand, dass sich private Auftraggeber oder Richter und Anwälte durch Gutachten arbeiten müssen, die unverständlich aufgebaut und inhaltlich verwirrend abgefasst sind. Es entstehen Schriftsätze von Anwälten, die – notgedrungen – an den Tatsachen vorbei gehen müssen. Anhörungen werden verlangt, in denen der Sachverständige erklären muss, wie er den Inhalt seines Gutachtens überhaupt selbst versteht. Private Auftraggeber werden schlicht die Zahlung eines Honorars verweigern (»Ich verstehe ihr Gutachten nicht, Herr Sachverständiger«). Im schlimmsten Fall wird ein Gutachten durch ein Gericht für nicht verwertbar erklärt mit der Folge, dass die Gefahr des Entschädigungsverlustes entsteht. Gegengutachten werden eingeholt, deren Kosten auf den Sachverständigen abgewälzt werden sollen.

In einem Versicherungsfall wird sich eine Versicherung von ihrem Sachverständigen verabschieden, die Zusammenarbeit wird aufgekündigt.

Und im Verfahren zu der öffentlichen Bestellung?

- Gutachten werden abgelehnt.
- Neue Gutachten werden angefordert.
- Der Kandidat wird zur Fachprüfung nicht zugelassen.
- Eine Weiterbestellung wird von einer Bestellungskörperschaft verweigert.

- Der Zeitraum, über den ein Bestellungsantrag läuft, verlängert sich erheblich.

Beispiel: Der Bundesgerichtshof hat in einem Urteil in bestimmten Gutachtenfällen geurteilt, dass Gutachten bestimmten Mindeststandards genügen müssen. Sie müssen transparent und für die Gerichte überprüfbar sein. Ist das nicht der Fall, kann ein Gutachten wegen fachlicher Mängel beanstandet werden und ein neues Gutachten angefordert werden (Weser Kurier, 31.07.99).

3.7 Rechtliche Würdigungen in Gutachten

Bereits unter Kap. 1.1 wurde darauf hingewiesen, dass es nicht Aufgabe eines Sachverständigen ist, auf Rechtsfragen einzugehen.

Urteil des OLG Stuttgart vom 17.03.05, Az. 8 W 71/05: In dem Verfahren stand im Mittelpunkt das Problem, ob die Beurteilung der fehlenden Prüfbarkeit der Schlussrechnung und deren Angemessenheit in der Höhe eine Frage ist, die ein Sachverständiger beantworten kann oder ob dies vom Gericht entschieden werden muss. Grundsätzlich ist die Frage nach der Prüfbarkeit eine Rechtsfrage, die dem Sachverständigen nicht zugänglich ist. Die Beantwortung einer solchen Frage gehört nicht in ein Gutachten hinein.

Beispiel: Ein Sachverständiger stellt durch eine Besichtigung fest, dass eine über einem Hauseingang angebrachte Dachrinne kein Gefälle zu dem Fallrohr hat und eine Absenkung in der Rinne zu einem Gegengefälle führt. Fachregeln für Sanitärarbeiten verlangen aber ein Gefälle von 1–3 % zu den Ablaufpunkten. Seine Folgerungen: Es liegt ein Handwerksmangel vor und die Rinne ist nach den Fachregeln neu zu verlegen. Die entstehenden Kosten hat der ausführende Handwerker zu übernehmen. Der Sachverständige hat sich mit dieser Ausführung aus einer technischen Feststellung über einen Fachfehler hin zu der Aussage über einen Mangel nach BGB § 633 bewegt. Er hat sich zu einer rechtlichen Aussage verleiten lassen, die für einen Sachverständigen nicht zulässig ist. Es ist Sache des Richters festzustellen, dass ein Verschulden des Handwerks vorliegt auf der Basis der Feststellung des Sachverständigen über einen fachlichen Handwerkerfehler.

Wer in seinem Gutachten nicht überzeugen kann, wer nicht sagt, wie die Überprüfung eines Ergebnisses erfolgen kann, wer nicht bei der Beantwortung von Fachfragen bleibt, der wird Auftraggebern und deren Helfern sowie Juristen Tür und Tor öffnen, um den Sachverständigen anzugreifen.

4 Zu berücksichtigende Standards bei Gutachten

4.1 Fehlende Lesbarkeit und Verständlichkeit eines Gutachtens

Der PC hat es mit sich gebracht, dass Gutachten zu einer Spielwiese für Darstellungen von Schriftarten, Absatzgemenge, Schriftgrößen und eingebundenen Bildern werden.

Das JVEG hat dazu beigetragen, dass nunmehr, jedenfalls im Grundsatz, gewissen Vorgaben gegeben wurden, damit Gutachten lesbarer werden.

Was muss der Sachverständige nun mindestens beachten, damit sein Gutachten als lesbar gewertet werden soll?

- Gutachten sind 1 ½-zeilig zu schreiben. Es entstehen so Leerräume, die es z. B. dem Richter ermöglichen, Notizen unmittelbar zu dem Text zu schreiben, wobei zu beachten ist, dass es dem Sachverständigen nicht erlaubt ist, sich in ihm überlassenen Originalunterlagen Notizen zu machen.
- Es sind Randabstände für Notizen und zur Heftung einzuhalten (4 cm linker Rand, 3 cm rechter Rand). Diese Regelung richtet sich nach Inhalten der DIN 4122 und berücksichtigt, dass Gutachten, wenn auch unauflöslich gebunden, abgeheftet werden können.
- Die Schriftart und Schriftgröße ist nicht vorgegeben. Als zweckmäßig hat sich die Wahl einer Schrift in der Größe »12« nach den Standardschriftgrößen im PC erwiesen. Vermieden werden soll, dass mit zu großen Schrifttypen, zu großem Zeilenabstand und übergroßen Rändern fast unbeschriebene Seiten entstehen, was wiederum zu unnötigen Kosten für ein Gutachten führen kann.
- Seiten müssen durchlaufend nummeriert sein. Wo die Nummerierung platziert wird, ist nicht vorgeschrieben, zweckmäßig ist die obere rechte Ecke, da diese immer im Blickfeld des Lesers liegt. Gerichtsakten sind gleichfalls in der oberen rechten Ecke durchnummeriert.
- Ob der Sachverständige auf jeder Seite eine Kopfzeile im sonst leeren oberen Rand setzt, bleibt ihm überlassen. Als zweckmäßig hat es sich gezeigt eine Zeile in einer kleinen Schrift zu setzen, in der der anstehende Fall mit den Parteien, dem Gericht und dem Aktenzeichen stehen, sowie der Name des Sachverständigen, gegebenenfalls in Kurzform. Eine Zeile sollte nicht

überschritten werden. Sollte einmal ein Gutachten trotz fester Bindung auseinander fallen, so ist die Zuordnung einer Seite zu einem Gutachten gesichert.

- Der öffentlich bestellte und vereidigte Sachverständige hat jedes Gutachten mit einer Archivnummer zu versehen. Ob diese auf dem Deckblatt steht oder zum Schluss des Gutachtens, ist nicht vorgegeben. Bestellungskörperschaften haben so jederzeit Zugriff auf Gutachten bestimmter Zeiträume, sofern im Rahmen der Gutachterbetreuung eine Einsichtnahme erforderlich sein sollte.

- Ein Gutachten ist mit Datumsangabe zu unterschreiben. Der Zusatz »nach bestem Wissen und Gewissen« ist entbehrlich. Jeder Sachverständige hat ein Gutachten nach »bestem Wissen und Gewissen« zu erstellen, das wird vorausgesetzt. Der öffentlich bestellte und vereidigte Sachverständige ist auf diesen Umstand vereidigt. Der Freie Sachverständige wird nach der Einhaltung dieser besonderen Umstände bei der Gutachtenerstellung gewertet. Verlangt ein Gericht einen entsprechenden Hinweis, so muss diesem Verlangen gefolgt werden.

- Ein Gutachten hat ein Deckblatt, welches sich besonders herausheben kann. Die Konkurrenz schläft nicht, heißt es allgemein, auch bei den Sachverständigen. Sich eine einmalige Unternehmensidentität zu geben verstößt nicht gegen die Regeln des Wettbewerbs. Das Deckblatt wird bei guter Gestaltung zur Visitenkarte des Sachverständigen. Farbige Deckblätter, graphisch aufgeteilte Deckblätter, stilisierte technische oder natürliche Formen für den Fachbereich, den ein Sachverständiger bearbeitet, können zur Unverwechselbarkeit eines Sachverständigen führen. Es kann ein Markenzeichen entstehen. Der Name mit Anschrift usw. des Sachverständigen wird mit seinem Sachverständigengebiet geführt. Die öffentliche Bestellung und Vereidigung wird mit der bestellenden Körperschaft geführt, wenn eine öffentliche Bestellungsform besteht. Sonst kann sich der Sachverständige als »freier Sachverständiger« benennen. Das für einen Fall zuständige Gericht ist mit der Geschäftsnummer und den Namen der Parteien zu nennen, wenn es sich um einen gerichtlichen Fall handelt. Die Art des Gutachtens, ob u. a. in einem Rechtsstreit oder als selbstständiges Beweisverfahren ist zu nennen. Bei einem Privatgutachten wird ebenfalls der Auftraggeber genannt mit dem besonderen Hinweis, worum es sich bei dem Gutachten handelt (Zweck des Gutachtens).

- Ein öffentlich bestellter und vereidigter Sachverständiger kann das Logo des Instituts für Sachverständige e. V. erwerben und sich damit schon optisch in die Reihe der vereidigten Sachverständigen in ganz Deutschland einreihen.

4.2 Einfache, im Sprachfluss überzeugende Sprache

Zuvorderst sei darauf hingewiesen, dass der Sachverständige seine Gutachten in der »Ich-Form« schreibt. »Ich habe einen Auftrag erhalten; ich habe den Ortstermin wahrgenommen; mir sind die folgenden Unterlagen ausgehändigt worden«, usw.

Die noch immer verbreitete Sprachform in der dritten Person, wie »dem Sachverständigen wurde ein Auftrag erteilt«, oder »dem Unterzeichnenden Sachverständigen«, ist klar abzulehnen. Auch der noch immer in Gutachten zu findende Begriff »sachverständigenseits« sollte nicht verwendet werden. Sprachlich sehr schlecht gewählt ist »nach diesseitigem Dafürhalten«. Es erhebt sich die Frage, was mit dieser Sprachwahl überhaupt gemeint ist. Gutachter die so schreiben weisen indirekt darauf hin, dass sie nicht in der Lage sind sich üblichen, modernen Sprachgewohnheiten anzupassen. Sprachformen wie »würde, hätte, sollte, könnte sein, eventuell, wäre möglich usw.«, haben in einem Gutachten nichts zu suchen.

Es ist Aufgabe des Sachverständigen eindeutige Ergebnisse zu liefern. Ja oder nein – nicht jein. Ein Auftraggeber will von einem Sachverständigen eine eindeutige Aussage über einen Sachverhalt haben. Die Verwendung vager Begrifflichkeit signalisiert eine fachliche Schwäche des Sachverständigen. Es fehlt die Tiefe einer Untersuchung mit der letztlich eindeutigen Entscheidung zu einem Preis oder einem Schadensfall bzw. der Bestimmung eines angetroffenen Zustandes einer Sache. Sich eine Hintertür offen zu halten, um ein Ergebnis gegebenenfalls später zu interpretieren ist im normalen Geschäftsgebrauch üblich, in einem Gutachten handelt es sich i.d.R. um einen Fehler.

Mit einer eindeutigen Aussage zwingt der Sachverständige sich selbst dazu, ein Ergebnis seiner Untersuchungen nur dann aufzuschreiben, wenn er für sich selbst die Eindeutigkeit eines Ergebnisses gefunden hat.

Dass es Ausnahmen gibt ist selbstverständlich. Im Ausnahmefall muss der Sachverständige eindeutig herausstellen, dass es gegebenenfalls mehrere Ergebnisse geben kann, die dann in der Reihenfolge ihrer Wahrscheinlichkeit nach Ansicht des Sachverständigen genannt werden müssen. Der Grad einer Wahrscheinlichkeit ist deutlich zu nennen.

Sich dazu zu zwingen einfach und doch fließend zu schreiben, ist keine besondere Kunst. Wer sich auf das Wesentliche reduziert, wird auch sich selbst keine Fallen durch Weitschweifigkeit in der Textfolge stellen.

4.3 Fachausdrücke, Wortwahl und Zusammenhänge

Es ist unbestritten, dass eine Vielzahl von Fremdworten aus anderen Sprachräumen in einzelnen Fachbereichen überflüssig sind bzw. durch geeignete Worte der deutschen Sprache ersetzt werden können. Der Schreiber eines Gutachtens wird sich dadurch auszeichnen, dass er zu unterscheiden weiß, wann ein Fremdwort erforderlich ist, wann eine Umschreibung möglich ist. Bei Fachausdrücken ist zu prüfen ob diese umgangssprachlich allgemein bekannt sind. Wenn ja, so können diese auch genutzt werden. Wenn nein, muss eine Erklärung erfolgen. Ein gutes, lesbares Gutachten wird sich dadurch auszeichnen, dass die Lesbarkeit ohne den Griff zu einem Lexikon gegeben ist.

Lassen sich Fachausdrücke oder Fremdworte nicht vermeiden, sollten diese im Augenblick der Nutzung erklärt werden. Eine die Lesbarkeit eines Gutachtens nicht förderliche Handhabung der Erklärung von Fachausdrücken besteht darin, im Anhang eine alphabetische Begriffserklärung zu liefern. Der Lesefluss wird durch Blättern zum Gutachtenende gehemmt.

Der Leser eines Gutachtens will sich mit dem Inhalt, der zu einem Ergebnis führt, auseinandersetzen und nicht durch häufiges Blättern aus dem gedanklichen Zusammenhang gerissen werden.

Zusammenhängende Themenbereiche sollten auch zusammen abgearbeitet werden. Durch die Nutzung des Computers fällt es leicht, erste Textergebnisse bei der Bearbeitung so zusammen zu setzen, dass diese als fachlich zusammenhängend erkannt werden.

Zwingt der Sachverständige sich zu häufigem Lesen des bereits geschriebenen Textes, so läuft er weniger Gefahr gegebenenfalls am Sachthema vorbei zu schreiben. Kurze Satzfolgen zeichnen ein gutes Gutachten aus, die z. T. weitschweifigen Schriftsätze der Juristen sollten als nicht nachahmenswert angesehen werden.

Negativbeispiel aus einem Beweisbeschluss: *»Inwieweit sind die Mängel Ausdruck fehlerhafter Planung durch den Beklagten bzw. fehlerhafter Koordinierung im Zuge (unzureichender) Bauleitung und Bauaufsicht einerseits bzw. inwieweit handelt es sich um Ausführungsfehler der Handwerker andererseits und inwieweit sowohl um das eine als auch das andere«* Hier dürften Tor und Tür für missverständliche Interpretationen geöffnet sein - vielleicht auch gewollt.

Sich selbst einen Gutachtentext laut vorzulesen führt dazu, dass man selbst erkennt, wo Schwachstellen im Schreibfluss liegen, wo Sätze zu lang geschrieben sind, wo Sinnzusammenhänge verloren sind, wo Themenbereiche zerrissen wurden.

4.4 Begründungen ausführlich erläutern

Begründungen, warum ein Schadensverlauf so und nicht anders stattgefunden hat, warum der Wert einer Sache einen bestimmten Betrag ausmacht, warum eine Sache falsch hergestellt oder konstruiert wurde, wie Zusammenhänge zwischen Zeitfolgen zu sehen sind usw. stellen den zentralen Bereich von Gutachten dar.

Begründungen müssen ausführlich aufgebaut werden. Jederzeit muss der Schreiber daran denken, dass jeder das verstehen soll, was er geschrieben hat. Umfangreich müssen Einzelheiten genannt werden, die dazu geführt haben, dass ein bestimmtes Gutachtenergebnis entstanden ist. Lücken dürfen nicht vorhanden sein. Ist ein Gutachten ausschließlich an Fachleute einer gleichen Branche gerichtet, so werden sicher andere Maßstäbe an einen Gutachteninhalt gelegt werden können.

Jeder Gedankenschritt muss ausführlich beschrieben sein. Das gilt auch für Berechnungen, in denen es keine Lücken geben darf, so dass jeder mathematisch nachvollziehen kann, wie ein Ergebnis entstanden ist.

4.5 Neutrale Ausdrucksweise in jeder Richtung

Ein Gutachten stellt keine Anklage gegen jemanden dar. Der Sachverständige hat sich eindeutig fachlich mit Meinungen von Kollegen auseinander zu setzen, wenn er z. B. um den Rat zu einem bereits vorhandenen Gutachten gefragt wird. Die Fachliteratur ist voll von gerichtlichen Auseinandersetzungen, bei denen es darum geht, dass Sachverständige die Gefühle von Kollegen verletzt haben. Die irrige Meinung, besser zu sein als der andere, findet in der Herabsetzung des anderen seinen Ausdruck und kann im Zweifel zu einem Honorarverlust für ein erstelltes Gutachten führen. Das gilt auch für verbale Angriffe gegen Kollegen oder Parteienvertreter.

Beispiel: *»Bezeichnet ein gerichtlich bestellter Sachverständiger, der ein schriftliches Gutachten vorgelegt hat, ein zum Zweck der Kritik angekündigtes Privatgutachten unbesehen als Gefälligkeitsgutachten, kann dies die Besorgnis* *der Befangenheit des Sachverständigen auslösen«* (OLG Zweibrücken 16.09.97 Az. 5 WF 115/96).

Beispiel: *»Übt ein gerichtlich bestellter Sachverständiger mit überzogener Ausdrucksweise Kritik an einem von der Partei vorgelegten Privatgutachten, kann diese den Sachverständigen wegen Besorgnis der Befangenheit ablehnen«* (OLG Oldenburg 19.01.99, Az. 5/99).

Auch die Wortwahl bei einer mündlichen Anhörung oder bei einer Ortsbesichtigung mit den Parteien kann zu Problemen für einen Sachverständigen führen, wenn er überzogen auf Fragestellungen reagiert.

Das OLG Naumburg hatte entschieden, dass ein Sachverständiger, der auf eine Kritik des Anwalts einer Prozesspartei mit den Worten »Frechheit«, »Unverschämtheit« und »der Anwalt könne das Gutachten gar nicht gelesen haben« reagiert und daraufhin abgelehnt wurde, die Ablehnung grob fahrlässig herbeigeführt hat.

Ob geschrieben oder gesprochen, verlässt ein Sachverständiger in einem Gutachten die sprachliche Ausgewogenheit, äußert er sich übertrieben und unsachlich, kann er als nicht geeigneter Sachverständiger abgelehnt werden.

»Das Gutachten eines Kollegen sei inhaltlich völlig irrig und abwegig, völlig wirklichkeitsfremd oder bar jeder Realität«. Wer sich so schriftlich äußert, sollte sich fragen, ob er sich als ein geeigneter Sachverständiger bezeichnen darf.

5 Ablauffragen zu einer Gutachtenaufgabe

5.1 Der Auftraggeber muss verstehen, was der Sachverständige geschrieben hat

Um den Ablauf einer Gutachteraufgabe überhaupt aufbauen zu können, muss der Sachverständige sich in die Lage seines Auftraggebers versetzen. Kein Fachgebiet ist davon ausgenommen, dass gerichtliche Auseinandersetzungen nur deswegen entstehen, weil eine Partei nicht begreift, worum es in der Sache geht. Der Sachverständige muss erkennen können, ob ein bestehender Sachverhalt von beiden Parteien verstanden wird. Er wird in seinem Gutachten in unterschiedlichem Umfang Sachverhalte erklären müssen. Er muss Zusammenhänge erläutern und diese allgemeinverständlich und mit eigenen Worten darstellen, warum diese zu einem bestimmten Ergebnis geführt haben.

Beispiel: Ein Betonlieferwagen rammte bei der Schüttung einer Kellerdecke eine Fertigteilaußenwand. Es entstanden erhebliche Rissbildungen an allen Innenwänden. Der eingeschaltete Sachverständige musste feststellen, dass der gesamte Keller aus Fertigbauteilen erneuert werden musste. Es war hier Aufgabe des Sachverständigen, seinem privaten Auftraggeber die Zusammenhänge der Schadensentstehung mit den Folgen zu beschreiben, wenn keine Totalerneuerung erfolgen würde. Argumente »man könne ja ausbessern«, oder »ein Bezugstermin müsse gehalten werden«, mussten im Hinblick auf den Zukunftswert des Gebäudes eindeutig entkräftet werden. Der Auftraggeber musste aus dem Gutacheninhalt begreifen können, warum es nur die Lösung der Totalerneuerung geben konnte.

Um systematisch und für den Laien nachvollziehbar eine Gutachtenaufgabe abzuarbeiten wird es erforderlich, sich im Vorfeld der eigentlichen Schreibarbeit einen Verfahrensablauf zu erarbeiten.

Schematisch dargestellt gibt es einen solchen feststehenden Verfahrensablauf für jede Art von Gutachten. Dieses Schema sollte sich jeder Sachverständige für jegliche Gutachtenerstellung vor Augen halten. Schon diese einfache Übersicht verhindert, dass ein Sachverständiger aus dem festen Fahrplan für Gutachten ausbricht. Immer wieder zeigt es sich, dass es keiner wissenschaftlichen Vertiefungen bedarf. Die nachgenannte Reihenfolge der einzelnen Schritte ergibt sich fast von selbst. Jeder Schritt baut sich auf dem vorhergehenden auf:

- Klärung der Aufgabenstellung
- Wahl der Hilfsmittel/Hilfskräfte

- Durchführung der Ortsbesichtigung
- Bearbeitung des Besichtigungsergebnisses
- Erstellung des Gutachtens
- Verteilung des Ergebnisses
- Archivierung aller Unterlagen.

Versetzt sich der Sachverständige in die Lage seines Auftraggebers, so wird er schnell erkennen, dass dieser nicht nur mit Informationen über einen bestimmten Sachverhalt konfrontiert werden will. Er will Sachverhalte erklärt haben, er verlangt, dass zur Klärung dieser Sachverhalte der Sachverständige alle Umstände berücksichtigt hat, damit dieser zu einer für ihn verständlichen Sachaussage kommt. Der Sachverständige muss, um ein Gutachten schreiben zu können, alle möglichen Bereiche geklärt haben, die sich auf Inhaltsteile eines Gutachtens beziehen. Er braucht Zeit und Spürsinn, er braucht Mut zu Entscheidungen.

Die Gutachtenvorbereitung ist in verschiedene grundlegende Abschnitte aufzugliedern, deren Inhalte untereinander abgeglichen werden müssen. Der Sachverständige muss prüfen, welche Einzelpunkte von ihm in einem speziellen Fall abgearbeitet werden müssen. Eventuell sind Zusatzbereiche abzugleichen. Jedes Fachgebiet verlangt nach gleichen, anderen oder ergänzenden Vorarbeiten.

Es gehört zum besonderen Sachverstand des Sachverständigen, dass er im Vorfeld der Gutachtenbearbeitung erkennt, was bearbeitet werden muss.

5.2 Klärung der Aufgabenstellung

Eine Aufgabenstellung erklärt sich nicht von selbst. Die Frage, wer der Auftraggeber des Gutachtens ist, muss vom Sachverständigen eindeutig festgestellt werden (Privatperson, Gericht, Versicherung, Bank oder sonstige Auftraggeber wie Gesellschaften, Eigentümergemeinschaften usw.). Wer als Auftraggeber festgestellt ist, dessen Name gehört in das Gutachten. Es ist Sache des Sachverständigen, eventuell ungeklärte Auftragssituationen aufzuklären und Rücksprache mit dem Auftraggeber zu nehmen.

So kann z. B. ein Architekt oder Ingenieur für seinen Bauherrn nicht Auftraggeber eines Gutachtenauftrages sein, wenn er keinen entsprechenden Vertrag mit seinem Bauherrn hat. Die so genannte Anscheinsvollmacht reicht nicht aus. Es kann dem Sachverständigen passieren, dass er von dem tatsächlichen Auftraggeber, nämlich dem Bauherrn des Architekten oder Ingenieurs, kein Honorar erhält, da dieser ihn nicht beauftragt hat und der Architekt/Ingenieur keine Vollmacht hatte einen Auftrag zu erteilen. Schon der nötige Hinweis in einem Gutachten auf den Bauherrn, der einen Auftrag zu einem Gutachten gar nicht selbst erteilt hat, kann zur Unverwertbarkeit des Gutachtens führen. Aus diesem Grund wird der verantwortungsvoll handelnde Sachverständige einen schriftlichen Vertrag mit seinem Auftraggeber abschließen, in dem explizit genannt ist, wer Auftraggeber ist.

Bei einer Eigentümergemeinschaft, besonders wenn diese sich noch in der Gründungsphase befindet, Schäden am Gemeinschaftseigentum aber dringend besichtigt werden müssen, muss der Sachverständige abklären, wer als Auftraggeber auftritt.

Bei Privatpersonen kann der Sachverständige schlecht nach einer Ehegemeinschaft fragen. Er wird, wenn zwei Partner auftreten, sich einen Auftrag von beiden Personen unterschreiben lassen. Das Beibringen von Personalbezügen ist bisher unbekannt, steht aber im Rahmen des Möglichen in der weiteren Zukunft. Denn wer zur Aufklärung eines Sachverhalts einen Sachverständigen zur Tätigkeit animiert, braucht noch längst nicht Auftraggeber im Sinne des BGB sein und vor allem nicht später das Gutachten honorieren wollen.

Beispiel: Ein Rechtsanwalt beauftragt einen Sachverständigen zur Begutachtung eines Gebäudes. Ein schriftlicher Auftrag wird nicht erteilt. Es bleibt bei mündlichen Abreden, auch für die örtliche Begehung. Das Gutachten wird erstellt. Die Gebäudeeigentümerin wird üblicherweise als Auftraggeberin in dem Gutachten genannt. Bei der Liquidierung des Honorars weigert sich diese zu zahlen, denn sie hätte den Auftrag nicht erteilt, das hätte ihr Anwalt in eigener Verantwortlichkeit vorgenommen. Der Sachverständige hatte es versäumt genau zu erfragen wer im Sinne der Honorarbegleichung der Auftraggeber sei. Ein Streit mit unbekanntem Ausgang war vorprogrammiert. In dem Gutachten war der falsche Auftraggeber genannt worden.

Bei Gerichten oder Versicherungen kann das Problem wer Auftraggeber ist, nicht auftreten. Es gibt in der Regel eindeutige Auftragsschreiben. Wer ist bei einer Auseinandersetzung mitbeteiligt? Der Sachverständige muss in einer gerichtlichen Auseinandersetzung die streitenden Parteien mit ihren Prozessvertretern benennen. Diese gehen aus der Gerichtsakte hervor. Fast immer stehen die nötigen Daten auf einem Beiblatt an erster Stelle in der Gerichtsakte.

Trotzdem muss der Sachverständige größte Sorgfalt üben. Nur bei Durchsicht der gesamten Akte kann es sich herausstellen, dass eventuell zu einem späteren Zeitpunkt ein oder mehrere Nebenintervenienten dem Streit beigetreten sind. Diese müssen in dem Gutachten ebenfalls mit ihren Prozessvertretern genannt werden. Sie verlangen über alle Schritte des Sachverständigen unterrichtet zu werden. Sie müssen zu einer anstehenden Ortsbesichtigung auch eingeladen werden. Übersieht der Sachverständige einen Nebenintervenienten, kann die Folge die Unbrauchbarkeit seines Gutachtens sein.

Bei einem privaten Gutachtenauftrag ist es Sache des Sachverständigen im Rahmen der Gutachtenvorbereitung festzustellen, ob er alle Angaben zu seinem Auftraggeber richtig verstanden hat. Es ist deswegen von großer Wichtigkeit, dass der private Auftraggeber einen Auftrag unterschreibt, aus dem alle nötigen Angaben in ein Gutachten übernommen werden können (Muster siehe Kap. 7.2.6).

5.3 Prüfung der Auftragsinhalte

Unter Kap. 3.1 wurde bereits darauf hingewiesen, dass es der Prüfungspflicht des Sachverständigen unterliegt zu erkennen, was von ihm verlangt wird.

- Er muss beurteilen, ob alle Fragen in sein Sachgebiet der öffentlichen Bestellung fallen. Die Bestellungsgebiete können eng umrissen sein. Andere Gebiete wieder, z.B. das Bestellungsgebiet »Schäden an Gebäuden«, sind breit angelegt. Der Sachverständige muss in eigener Verantwortung entscheiden, ob er aus seiner besonderen Erfahrung heraus in der Lage sein kann, den geschilderten Sachverhalt zu bearbeiten.
- Er muss beurteilen, ob die gestellten Fragen, sofern er »freier« Sachverständiger ist, mit seinem Grundberuf in Einklang stehen. Ein »freier oder selbsternannter« Sachverständiger darf nur in einem Fachgebiet als Sachverständiger tätig sein, welches zu seinem ausgeübten Beruf gehört. Das sieht das Gesetz gegen den unlauteren Wettbewerb vor.

Beispiel: Ein Sachverständiger der als Zimmerermeister für die Begutachtung von Holzqualitäten tätig war, hatte sich neben der Beurteilung von Bauholz in einem Dachstuhl mit Feuchtigkeitseinwirkung auf das Kellermauerwerk befasst. Das Fachgebiet Mauerwerk gehörte nicht zu seinem Grundberuf. Er hatte keine besonderen Kenntnisse zu Schäden an Mauerwerk, insbesondere unter Erdgleiche.

- Der Sachverständige muss prüfen, ob er - im gerichtlichen Bereich - mit dem als Kostenvorschuss genannten Betrag das Gutachten in dem gewünschten Umfang erstellen kann.
- Der Sachverständige muss prüfen, ob er ggf. aufwändige Gerätevorhaltungen berücksichtigen muss, um zu dem gewünschten Ergebnis zu kommen.

Nicht jedes auf den ersten Blick benötigte Hilfsmittel erweist sich als für den anstehenden Fall als geeignet und bei einem Kostenvergleich als vorteilhaft.

Beispiel: Die partielle Öffnung von Gebäudeaußenwänden und das Verschließen der Öffnungen nach den Untersuchungen, ob und welche Dämmungen vorhanden sind, ist aufwändiger als wenn mit einer Infrarotthermografie die Wände abgetastet worden wären.

Der Schaden an einer Dachrinne kann mit einem eingesetzten Steiger preiswerter erkundet werden als wenn ein Gerüst in großer Breite und mit unbestimmter Stelldauer eingesetzt worden wäre.

- Der Sachverständige muss prüfen, ob er evtl. Labore, Fachinstitute oder Untergutachter einschalten muss, um zum gewünschten Ergebnis zu gelangen. Hier sind die aktuellen Richtlinien zur Mustersachverständigenordnung (MSVO) nach § 9 zu berücksichtigen (persönliche Aufgabenstellung und Beschäftigung von Hilfskräften).
- Er muss einen evtl. gestellten Zeitrahmen zur Gutachtenerstellung überprüfen, ob dieser für ihn realistisch ist. In seinem Gutachten wird er nicht sagen können »er war gezwungen worden, den Fall in Eile abzuhandeln, deswegen könnten Fehler entstanden sein«.

Beispiel: Auf einer Baustelle wird Fließestrich über einer Fußbodenheizung eingebracht. Der Bauherr beanstandet die Ausführung, da seiner Meinung nach an den Heizungsrohren Schäden seien, die erst beseitigt werden müssen. Er beauftragt einen Sachverständigen, mit der Bitte sofort zu kommen. Dieser kommt jedoch erst am nächsten Tag. Der Estrich ist insgesamt fertig, die Schäden an dem Rohrsystem der Heizung sind nicht mehr erkennbar. Es wird Aufgabe des Sachverständigen sein in seinem Gutachten zu erklären, warum er nicht bei offen liegenden Heizrohren nach dem ihm genannten Mangel gesucht hat.

In einem anderen Fall muss er überprüfen und ggf. später in seinem Gutachten erklären, ob die Jahreszeit geeignet war, um Fragen zu Gründungsproblemen ausreichend zu beantworten, da äußere Grabungsarbeiten erforderlich waren.

Es erfordert schon die besondere Sachkunde eines Sachverständigen auf seinem Fachgebiet, wenn er vor der Gutachtenerstellung, also bei Erhalt des Auftrages bereits alle im Grundsätzlichen eventuell anstehenden Hinderungsmöglichkeiten erkennen kann. Erkennt er Hinderungsgründe, ist es seine

Aufgabe den Auftraggeber davon umgehend zu unterrichten oder mit dem zuständigen Richter im gerichtlichen Fall Kontakt aufnehmen. In jedem Fall wird man von dem Sachverständigen verlangen, dass er in der Lage ist alle fachlichen Fragen zu beantworten, gegebenenfalls im gerichtlichen Bereich einen Beweisbeschluss ändern oder ergänzen zu lassen. Er ist der Fachmann. Der- oder diejenigen, die einen Beweisbeschluss aufgestellt haben sind in der Regel keine Fachleute auf dem anstehenden Gebiet, allenfalls hat der Auftraggeber seinen Anwalt fachlich beraten, häufig in der von ihm gewünschten Richtung zur Beseitigung z.B. eines Schadens. Inhalte von Beweisbeschlüssen müssen nicht unbedingt mit den in der Realität anzutreffenden Zuständen übereinstimmen. Es ist letztlich Sache eines Sachverständigen sich mit dem anstehenden Problem auseinander zu setzen. Er ist der Fachmann mit der besonderen Sachkunde, nicht der Auftraggeber oder Juristen und Richter.

In einem Gutachten kann der Sachverständige keinen Hinweis als Vorspann setzen, dass er in Teilbereichen keine oder nur geringe Kenntnisse in der gefragten Materie besitzt. Er muss sich jeglicher einschränkender Hinweise enthalten. Einen Gutachtenauftrag mit Fachinhalten abzuarbeiten, die ihm kaum oder nur oberflächlich bekannt sind, wäre ein grober Fehler. Nur weil ein Auftrag finanziell lukrativ zu werden verspricht, ist das noch lange kein Grund diesen anzunehmen, wenn partiell die nötigen Kenntnisse der zu bearbeitenden Materie fehlen. Ein eng gefasstes Bestellungsgebiet birgt immer die Gefahr in sich, dass der Sachverständige über sein Fachgebiet hinaus arbeitet.

Beispiel: Wer sich als Sachverständiger für Flachdächer hat bestellen lassen, als diese Dachform allgemein üblich war, hatte das Nachsehen als der Modetrend und fachliche Erkenntnisse sich zu geneigten Dächern veränderte. Wollte er weiter als Sachverständiger tätig sein, musste er sich für ein neues Bestellungsgebiet – geneigte Dächer – nachprüfen lassen.

Nachfolgend ein klassischer gerichtlicher Punktebeweisbeschluss, der auf den ersten Blick leicht abzuhandeln erscheint, bei genauer Durchsicht aber einige Fußangeln enthält mit der Frage, ob der Sachverständige aus seinem Bestellungsgebiet heraus in der Lage ist, alle Fragen zu beantworten.

Abschrift vom Original

Amtsgericht Bremen   Datum ....
Abt. für Zivilsachen

Geschäfts-Nr.: 12 H 0004/...
(Bitte bei allen Schreiben angeben)

Beschluss
..........................- und Baubetreuungs GmbH,
vertr. d. den GF .... und ...., 28307 Bremen

Antragsteller

Prozessbevollmächtigte: RAe Dr. Leitke & Partner, Bremen
gegen
.... GmbH.
vertr. d. d. GF ...., Holzburger Str. ..., 28311 Bremen

Antragsgegner

Prozeßbevollm.: RAe Reineke & Wierich, Bremen,

Es soll zur Sicherung des Beweises ein schriftliches Gutachten zu folgenden Fragen eingeholt werden:
1. Weist die im Rahmen des Bauvorhabens Neuwerker Straße ...... in 28199 Bremen hergestellte Hauseingangstreppe im Bereich der Ränder, insbesondere im Bereich der Fuge zwischen den Treppenbelägen und dem Beton, erhebliche Ausblühungen auf?
(Hier wird suggeriert, dass Ausblühungen vorhanden sind. Es ist aber Aufgabe des Sachverständigen zu prüfen, ob der genannte Zustand tatsächlich Ausblühungen sind oder etwas anderes. Dafür muss die Örtlichkeit begangen werden. Ggf. sind Proben zu nehmen.)
2. Handelt es sich bei diesen Ausblühungen um Kalziumkarbonataustretungen?
3. Sind erhebliche Putzabplatzungen an der Außentreppe des Objektes Neuenlander Straße ...... festzustellen?

(Hier wird der Sachverständige eine Angabe darüber machen müssen, was unter »erheblich« zu verstehen ist.)

4. Stellen diese Ausblühungen und Putzabplatzungen unter Beachtung der einzelnen DIN-Normen und den gültigen Regeln der Handwerkskunst nach den anerkannten Regeln der Technik einen Mangel dar?

(Hier wird der Sachverständige prüfen müssen welche Normen überhaupt für den anstehend Fall zutreffen und ob es »Regeln der Handwerkskunst« überhaupt gibt.)

5. Sind die Ausblühungen und Putzabplatzungen darauf zurückzuführen, dass die Antragsgegnerin einen falschen Mörtel verwandt hat oder worauf sind die Ausblühungen und die Putzabplatzungen sonst zurückzuführen?

(Was ist unter »falschem« Mörtel zu verstehen?)

6. Wie hoch ist der Beseitigungsaufwand zur Durchführung restlicher Arbeiten bzw. zur Beseitigung der festgestellten Mängel?

- Örtlicher Facharbeiterstundensatz mit Nennung, wer befragt wurde zzgl. Mehrwertsteuer
- Anzahl der einzusetzenden Arbeitskräfte
- Stundenzahl je Arbeitstag
- An- und Abfahrtkosten
- Umfeldkosten mit Absperrungen usw.
- Reinigungskosten nach der Arbeitsbeendigung
- Materialeinsatz
- Rückkosten für evtl. im Sanierungsbereich stehende größere Gegenstände
- ggf. Beaufsichtigungskosten durch eine externe Bauleitung
- ggf. Behördenkosten für Genehmigungen.

(Hier wird der Sachverständige sich festlegen müssen, wie genau er in der Lage ist den Beseitigungsaufwand zu ermitteln. I. d. R. wird der Sachverständige nur eine Kostenschätzung vornehmen. Unterschiedliche Gerichtsurteile gehen davon aus, dass eine Abweichung von den tatsächlichen Kosten (die erst später z. B. von einem Unternehmer ermittelt werden) 12–18 % Abweichung beinhalten dürfen. Die bekannten Urteile zu diesem Thema weichen stark voneinander ab. Der Sachverständige wird vorsorglich in seinem Gutachten erklären, auf welchem Weg er zu seinem Ergebnis gekommen ist.)

Bei sorgfältiger Prüfung wird der Sachverständige feststellen, dass von ihm in dem genannten Fall ein breites Fachwissen verlangt wird, das sich in seinem Gutachten nachvollziehbar niederschlagen muss. Der Fall gestaltet sich in der Bearbeitung schwieriger und aufwändiger, als der erste Anschein es erkennen lässt. Aus diesem Fall wird erkenntlich, dass der tätig werdende Sachverständige ein breites Fachwissen des allgemeinen Baustellenablaufs mit der vorhergehenden Kostenkalkulation besitzen muss. Nur Kenntnisse von Planungsabläufen werden zur Lösung des Falls nicht ausreichen. Nicht immer sind Beweisbeschlüsse nach fest umrissenen Punkteinhalten aufgebaut. Verschachtelte Fragestellungen, die in sich nach unterschiedlichen Antworten verlangen, sind nicht selten. Unerheblich ist dabei, ob bewusst eine Unklarheit in dem Aufgabenpunkt gewählt wurde oder ob es bei der Formulierung der Fragestellung an der fehlenden Sachkenntnis eines Antragstellers gelegen hat.

In jeder Art von Gutachtenaufträgen muss der SV den Inhalt des Beweisbeschlusses verstehen, sonst ist er nicht in der Lage ein inhaltlich richtiges Gutachten zu erstellen. Er muss sich fragen: Habe ich die Fragestellung begriffen? Das setzt natürlich voraus, dass der Sachverständige in dem zur Bearbeitung anstehenden Fachgebiet die geforderten überdurchschnittlichen Kenntnisse besitzt.

Beispiel: Es soll Beweis erhoben werden über die Behauptung der Klägerin *»Die Planungskostenermittlung in der Anlage K 70 (Anlage zum Schriftsatz der Klägerin vom ... 1996 Blatt 172 bis 177 d. A.), einschließlich der anrechenbaren Kosten und der Honorarzone sei zutreffend, dass zwischen ihr und der Fa. ... mit Vertrag vom ... (Anlage K 22) vereinbarte Honorar von EUR 132.936,- netto für die in § 4 dieses Vertrages vereinbarte Leistung überschreite den in der HOAI festgesetzten Honorarmindestsatz und unterschreite den in der HOAI festgesetzten Honorarhöchstsatz.«* (Originaltext aus der Gerichtsakte).

Bevor der Sachverständige in dem genannten Fall die Arbeit an dem Gutachten beginnt, wird er sich fragen müssen, ob er allein die gestellte Beweisfrage beantworten kann oder ob es erforderlich sein wird mit dem zuständigen Richter Kontakt aufzunehmen. Das kann schriftlich aber auch telefonisch erfolgen. Gegebenenfalls wird ein Richter den Sachverständigen bitten, ihm schriftlich mitzuteilen, wie er den Inhalt des Beweisbeschlusses versteht. Es besteht durchaus die Möglichkeit, dass der Inhalt eines Beweisbeschlusses korrigiert wird, um dem Sachverständigen die Möglichkeit zu geben, ein in der Sache richtiges Gutachten abzugeben.

Fragen können zu den nachgenannten Punkten bestehen:

- Ist die Planungskostenermittlung zutreffend?
- Sind die anrechenbaren Kosten zutreffend?
- Ist die gewählte Honorarzone zutreffend?

- Unterschreitet das vereinbarte Honorar den nach der HOAI festgesetzten Honorarhöchstsatz?
- Überschreitet das vereinbarte Honorar den in der HOAI festgesetzten Honorarmindestsatz?
- Welche HOAI-Fassung muss hier angewendet werden?

Ergebnis:	Die Beweisbeschlussformulierung ist unklar
Erforderlich:	Rückfrage bei dem zuständigen Richter, schriftlich oder mündlich
Folgerung:	Evtl. neu formulierter Beweisbeschluss
Wichtig:	Der Inhalt des Beweisbeschlusses darf von dem SV nicht eigenmächtig verändert werden.

Ein Sachverständiger kann kein Gutachten an seinen Auftraggeber abgeben mit dem Hinweis: »Die gestellten Fragen im Beweisbeschluss seien unter den Punkten ... interpretationsfähig gewesen und deswegen könnten auch abweichende Ergebnisse bei anderer Betrachtungsweise in Betracht gezogen werden.«

5.4   Befangenheitsgründe

Nicht jeder an einen Sachverständigen angetragene Fall kann bearbeitet werden. Der Sachverständige muss vorab prüfen, ob er die streitenden Parteien alle oder teilweise kennt, ob er mit in den Fall eingebundenen Unternehmern gerade im geschäftlichen Verhältnis steht. Ein Gutachtenauftrag kann mit Fragen verbunden sein, die die Stellung des Sachverständigen betreffen. Er muss diese beantworten bevor er tätig wird. Nachfolgend sind Beispiele für eine Besorgnis der Befangenheit zum Zeitpunkt der Auftragsannahme aufgeführt. Eine entstehende Befangenheit während einer Auftragsabwicklung ist weitaus schwerer einzuschätzen.

Beispiel: Aus Hamburg wird ein Sachverständiger in Bremen beauftragt in einer HOAI- Sache tätig zu werden. Vorab wird er gebeten schriftlich zu folgenden Fragen Stellung zu nehmen:

- Kennt er den Inhaber des Architekturbüros?
- Arbeitet er mit dessen Filiale in Bremen zusammen?
- Ist er in irgendwelchen Ausschüssen mit dem Hamburger Büro zusammen eingebunden?

- Wird er an Wettbewerben evtl. zusammen mit dem Hamburger Büro als Arbeitsgemeinschaft tätig oder manchmal tätig?

Von der ausführlichen Beantwortung der Fragen wird es abhängen, ob er in dem Fall tätig werden kann. Ein kurzer Hinweis in dem Gutachten, dass im Vorfeld der Gutachtenerstattung mit dem Gericht die Befangenheitsfrage eindeutig abgeklärt wurde, kann spätere Nachfragen von Prozessbeteiligten ausschließen.

Beispiel: Ein Sachverständiger, der als Architekt oder selbstständiger Ingenieur tätig ist, ist nicht befangen, wenn er zwar die Firma kennt, für die er in einem gerichtlichen Streitfall als Sachverständiger eingesetzt werden soll, aber zum Zeitpunkt der Auftragsannahme keinerlei geschäftliche Verbindungen zu dieser hat. Wird aber gerade ein Bauvorhaben gemeinsam abgewickelt, wobei Rechnungen des Unternehmens geprüft werden müssen, dann besteht eindeutig eine Befangenheit. So wird es darauf ankommen bei der Auftragsannahme eine sorgfältige Prüfung der äußeren Umstände eines Falls vorzunehmen.

5.5 Beauftragung technischer Institute, Untergutachter

Den Auftrag für eine umfangreiche Gutachtenerstellung zu erhalten ist die eine Seite, die andere Seite ist die eigenständige Bearbeitung. Ein Gutachtenauftrag für einen Bausachverständigen, der Gebäudeschäden, elektrotechnische Probleme zwischen Außenbeleuchtung und Computersystemen sowie Klimaprobleme in einem Großraum beinhaltet, muss genau geprüft werden. Er selbst konnte nur die Gebäudeschäden nach seinem Bestellungstenor (Schäden an Gebäuden) abarbeiten. Für die anderen beiden Fachgebiete Elektrotechnik und Klimatechnik waren Untersachverständige zu bestellen. In dem Gutachten muss mit einem entsprechenden Hinweis erwähnt sein, dass Untersachverständige und welche beschäftigt worden sind. Ein Sachverständiger hat für sich zu prüfen, wie umfangreich sein Wissen in seinem Bestellungsgebiet ist. Bei der angestrebten öffentlichen Bestellung sollte daher gemeinsam mit der Bestellungskörperschaft geprüft werden, wo die Wissensschwerpunkte des Bewerbers liegen. Gerichte wollen in einem Schadensfall möglichst nicht mehrere Sachverständige beauftragen. Der Regelfall ist es, dass ein Sachverständiger den Fall übernimmt und in für ihn fremden Teilbereichen mit Zustimmung des Gerichts Untersachverständige, technische Institutionen oder andere fachlich versierte Unternehmungen einsetzt. Das Auftragsprozedere muss genau abgestimmt werden, wenn es nicht zu Problemen kommen soll. In dem Gutachten muss begründet werden, warum der eingesetzte Sachverständige den Auftrag nicht allein abgewickelt hat. Der Inhalt der Mustersachverständigenordnung (MSVO) § 9 muss vom Sachverständigen berücksichtigt werden.

Beispiel: Bei der Vergabe eines Auftrages an einen Untersachverständigen durch den Erstsachverständigen können folgende Risiken für den Erstsachverständigen entstehen:

- Der Erstsachverständige erhält keine Entschädigung, weil er das Gutachten nicht in allen Teilen persönlich erstellt hat.
- Der Erstsachverständige erhält keine Entschädigung, weil ein selbstständiger Sachverständiger keine Hilfskraft im Sinne des Justizvergütungs- und Entschädigungsgesetzes (JVEG) ist.
- Die Hilfskraft-Eigenschaften des zweiten Sachverständigen wird zwar anerkannt, für die Tätigkeit erhält der Sachverständige aber nur eine Entschädigung nach den Stundensätzen des JVEG, obwohl der Zweitsachverständige auf Grund eines Werkvertrages zwischen dem Erstsachverständigen und dem Zweitsachverständigen einen um vieles höheren Stundensatz abgerechnet hat. Der Erstsachverständige erhält dann keinen vollen Ausgleich vom Gericht, muss aber den Zweitsachverständigen nach den Vertragsgrundsätzen voll vergüten. Er bleibt auf dem Differenzbetrag sitzen.

Bei der Auftragannahme ist – z. B. mit einem Gericht – genau auszuhandeln, wie die Auftragsvergabe an einen Untersachverständigen oder ein zu beauftragendes Institut zu erfolgen hat. Die direkte Vergabe eines Auftrages durch ein Gericht an einen Untersachverständigen, ein Unternehmen oder ein Institut wird nur selten gelingen, wenngleich das schon aus Haftungsgründen für den Sachverständigen die günstigste Beauftragungsart wäre. Die Rechnungsbegleichung würde nicht über das Büro des Sachverständigen laufen, es würden keine steuerlich relevanten Einnahmen für den Sachverständigen entstehen.

In der Regel muss der Sachverständige beauftragen und bei dem Gericht den erforderlichen Kostenvorschuss anfordern. Der Erstsachverständige bleibt auch im günstigsten Fall derjenige, der die gesamte Abwicklung überwacht, koordiniert und letztlich für sein Gutachten bewertet.

Beispiel: Bei der Erstbegehung wird festgestellt, dass eine eventuelle Schadensstelle in einem Flachdach durch innere und äußere Verkleidungen nicht einsehbar ist. Der Sachverständige beauftragt mit Zustimmung der bei der Erstbegehung Beteiligten ein Unternehmen, welches zu einem neuen Ortstermin die Decke öffnet. In dem Gutachten wird darauf hingewiesen, dass die Deckenfreilegung von der Firma XY mit Zustimmung der bei der Erstbegehung anwesenden Personen vorgenommen werden sollte. Der genaue Öffnungsbereich ist durch den Sachverständigen bestimmt worden. Die Beauftragung der Firma erfolgte schriftlich, das zuständige Gericht ebenso wie die Prozessvertreter haben eine Durchschrift zur Kenntnis erhalten. Die Kostenfrage musste gegebenenfalls vorab mit dem Gericht abgeklärt werden.

5.6 Wahl der Abrechnungsgrundlage

Wenn auch für das Thema des Buches uninteressant, so soll doch kurz auf Vergütungsgrundlagen hingewiesen werden. Es würde den Rahmen dieses Buches sprengen, wenn Einzelheiten der Gesetze oder der gesamten Gesetzestexte abgedruckt würden.

Im Gerichtauftrag gilt das JVEG mit seinen Ausführungsbestimmungen. Bereits jeder angehende Sachverständige sollte im Besitz des JVEG in Form des Gesetzes mit einer Kommentierung sein. Der Gesetzestext allein wird dem Sachverständigen nur den groben Anhalt zur Gutachtenabrechnung liefern.

Im Versicherungsvertrag gelten die gegebenenfalls ausgehandelten Konditionen nach Stundensätzen und Nebenkosten, die im Einzelnen nachgewiesen werden müssen.

Im Privatauftrag wird der Sachverständige, wenn er einen schriftlichen Vertrag abschließt, frei vereinbarte Stundensätze mit Nebenkosten, die nach ihrer Art zu nennen sind, vereinbaren. Die HOAI wurde im Jahr 2009 novelliert. Die alten § 33 und 34 wurden ersatzlos gestrichen. Die Regelung der Gebührenermittlung bei der Wertermittlung von Grundstücken und Gebäuden ist entfallen. Ein Honorar für diese Tätigkeit muss in einem Vertrag in individueller Preisabsprache geregelt werden.

Hilfsweise wird hier auf eine Broschüre hingewiesen, die bei der DEUTSCHE INGENIEUR- UND ARCHITEKTEN-AKADEMIE e. V (www.diaa-akademie.de) oder beim BUNDESVERBAND DEUTSCHER GRUNDSTÜCKSSACHVERSTÄNDIGER e. V. (www.bdgs.de) erhältlich ist.

In dieser Broschüre ist eine unverbindliche Honorarempfehlung enthalten, die Sachverständigen als Grundlage für eine Honorarfestlegung dienen kann (Deutsches Architektenblatt 11/09).

Wird im Privatauftrag kein schriftlicher Vertrag abgeschlossen, besteht die Gefahr, dass ein Auftrageber nach den niedrigsten ortsüblichen Stundensätzen im Bauschadensfall nach der HOAI abrechnen will. Schon aus diesem Grund ist es für den Sachverständigen wichtig einen schriftlichen Vertrag mit einem privaten Auftraggeber abzuschließen, zumal aus diesem Vertrag alle Daten zum Objekt und der Person des Auftraggebers in das Gutachten einfließen. So wird der Sachverständige gezwungen, bei Auftragserteilung sich mit dem Objekt, welches zur Begutachtung ansteht, mit der Person des Auftraggebers und den finanziellen Umständen vor der Gutachtenbearbeitung auseinander zu setzen.

Es gibt weitere, nachfolgend genannte Umstände, die der Sachverständige ermitteln muss, bevor er an eine Gutachtenbearbeitung denken kann. Umstände, die alle Einfluss auf den Gutachteninhalt haben und in der entsprechenden Form und in vorbestimmten Absätzen des Gutachtens eingebracht werden müssen. Die vertiefte Wissensvermittlung für alle Abrechnungsarten ist in verschiedenen juristischen Publikationen enthalten, auf die unter Kap. 7.3 eingegangen wird.

5.7 Anforderung erforderlicher Unterlagen

In der Regel erhält der Sachverständige bei der Auftragserteilung Unterlagen zu dem zu bearbeitenden Fall. Es ist Sache des Sachverständigen zu prüfen, ob er nach den überlassenen Unterlagen das geforderte Gutachten erstellen kann. Er kann nicht darauf bauen, dass der Auftraggeber ihm alle Unterlagen – oder auch Gegenstände – die er benötigt übergibt. Wie sollte er auch? Der Fachmann ist der Sachverständige, er muss wissen, was er benötigt. Er muss in seinem Gutachten genau auflisten, nach welchen Unterlagen er gearbeitet hat. Nur so kann ein Auftraggeber erkennen, wie der Sachverständige zu einem Ergebnis gekommen ist. Juristen pflegen an diesem Punkt anzusetzen, wenn der Sachverständige bestimmte Unterlagen gar nicht gehabt hat und sich trotzdem über Erkenntnisse auslässt, die er hätte gar nicht haben können.

Beispiel: Ein Sachverständiger musste zu einem Anhörungstermin in eine andere Stadt reisen, nur damit durch seine persönliche Aussage festgestellt werden konnte, ob er bei der Gutachtenbearbeitung einen bestimmten Plan gehabt hat. Durch die genaue Auflistung aller ihm übergebenen Unterlagen kann er nachweisen, auf welcher Basis seine Schlussfolgerungen entstanden sind. Wer hier nicht genaueste Arbeit geleistet hat, kann sehr schnell in Gefahr laufen, dass sein Gutachten abgelehnt wird. *»Grundsätzlich und in erster Linie ist zwar der Auftraggeber verpflichtet, das zur Erstellung des Gutachtens erforderliche Material zur Verfügung zu stellen. Der Sachverständige ist aber dafür verantwortlich, dass er die Feststellungen gewissenhaft getroffen hat ...*

Seine Prüfungspflicht erstreckt sich zum einen auf die Frage, ob das Material zur Herstellung des Gutachtens tauglich ist. Zum anderen muss sich der Sachverständige darüber klar sein, ob das zur Verfügung gestellte Material als von ihm geprüft und glaubwürdig in das Gutachten eingebracht werden kann oder nicht.« (Bayerlein, W.; Roeßner, W.: Praxishandbuch Sachverständigenrecht. 4. Auflage. München: C.H. Beck Verlag 2008, § 9 Rdn. 3,4,6,7.)

Fehlen Unterlagen, sind verwendete Unterlagen in dem Gutachten nicht genannt oder fragt der Sachverständige nicht nach, ob der Auftraggeber gewisse Unterlagen besitzt, die nach seinen Fachkenntnissen vorhanden sein müssen, läuft er in Gefahr, in dem Gutachten zu falschen Ergebnissen zu kommen.

5.8 Informationen beschaffen, Aktualität prüfen

Ist der Sachverständige bei der Auftragüberprüfung zu der Ansicht gekommen, er benötigt weitere oder andere Unterlagen, die auch Gegenstände sein können, so muss er sich um die Beschaffung kümmern. Im privaten Auftrag wird er seinen Auftraggeber direkt ansprechen. Er kann selbst bei seinem Auftraggeber nach den gewünschten Unterlagen forschen, in Betrieben in Archiven suchen. Kaum ein Auftraggeber wird selbst wissen, was der Sachverständige benötigt. Deswegen sollte er selbst suchen. So kann er weitere Unterlagen finden, die ihm für die Gutachtenbearbeitung wichtig sein können. Im gerichtlichen Bereich ist das schon schwieriger. Fordert er mutmaßlich vorhandene Unterlagen, z. B. eine beurkundete Baubeschreibung, über das zuständige Gericht an können Wochen vergehen, ehe die gesuchte Unterlage eingeht. Besser ist es den Anwalt der Partei, die in Besitz der Unterlage sein müsste, direkt anzuschreiben. Zugleich muss aber auch die Gegenseite über diesen Informationsfluss informiert werden. Das Gericht erhält zur Kenntnisnahme eine Kopie des Vorgangs. In dem Gutachten werden später die Daten genannt, wann und welche Unterlagen bei dem Sachverständigen eingegangen sind und von wem die Zustellung erfolgte.

Beispiel: Ein Sachverständiger soll für einen bestimmten Zeitpunkt nach Monat und Jahr Kosten für durchgeführte Modernisierungsarbeiten schätzen. Er benutzt die von der Bundesarchitektenkammer herausgegebene BKI Datenbank. Er vergewissert sich aber nicht, ob die Daten für den Zeitpunkt, den er benötigt, nutzbar waren.

Der Prozessvertreter des Auftraggegners findet heraus, dass es die Datenbank zu dem Zeitpunkt, der im anstehenden Fall betrachtet wurde, überhaupt noch nicht gegeben hat. Der Sachverständige hat für seinen Zweck nicht brauchbare

Unterlagen verwendet. Das Ergebnis seiner Untersuchungen konnte in der prozessualen Auseinandersetzung nicht verwendet werden. Seine Recherche nach für den Fall verwendbaren Unterlagen war nicht eingehend genug erfolgt. Die Lücke, die zwischen dem Datum für die Kostenschätzung und dem Datum der Nutzbarkeit der Datenbank bestand, hat dem Juristen zu einem Ablehnungserfolg verholfen.

Erhält ein Sachverständiger von einer Partei eine Vollmacht um bei Behörden Nachforschungen nach bestimmten Unterlagen anzustellen, so ist auch dieser Umstand in dem Gutachten zu vermerken.

Der Sachverständige kann nicht in seinem Gutachten schreiben:»Es könnte sein, dass ich zu anderen Ergebnissen gekommen wäre, wenn ich andere Unterlagen erhalten hätte!« Erhält er die Unterlagen nicht, die nach seinem Fachwissen vorhanden sein müssten, kann er das Gutachten nicht erstellen.

5.9   Prüfung des Geräteeinsatzes

Wird ein Auftrag an einen Sachverständigen herangetragen, muss er neben der Prüfung der vorgenannten Punkte zugleich Überlegungen anstellen, ob sein Büro die technische Ausstattung besitzt, um den Fall optimal zu lösen. Hier soll nicht auf die Vielzahl der technischen Möglichkeiten für die Arbeit von Sachverständigen eingegangen werden. Fachzeitschriften und Fachbücher, auch das Internet sind die Fundstellen, in denen Angebote veröffentlicht werden. Bei Sachverständigentagungen werden häufig von Geräteanbietern Muster vorgeführt.

Hier soll darauf hingewiesen werden, dass es zu einem nachvollziehbaren Gutachten gehört, dass der Sachverständige benennt, wie er zu seinem Ergebnis gekommen ist. Und dazu können genutzte Geräte gehören.

Er wird Angaben machen über:

- Hersteller des verwendeten Gerätes
- die Untersuchungsmöglichkeiten, die das Gerät bietet
- Bandbreiten für Ergebnisse
- Qualität der Ergebnisse durch Eichungen, Kalibrierung, Justierung.

Beispiel: Es gibt Fachgebiete, in denen eine Mindestausstattung des Sachverständigen an Geräten verlangt wird, z. B. auf dem Fachgebiet Bodenschutz und Altlasten. In einem Fall, bei denen von drei Gutachtern Bodenproben genommen wurden, gab es sich widersprechende Ergebnisse:

- *»Das Bundesamt für Strahlenschutz soll nun anhand des Fragenkataloges ermitteln, mit welchen Geräten, mit welchen Apparaturen und mit welchen Messunsicherheiten die drei Wissenschaftler zu ihren Ergebnissen gekommen sind«* (Weser-Kurier, Bremen 29.10.07).

- *»Ein Messergebnis soll und darf nicht mehr Nachkommastellen aufweisen als sich aus der Größenordnung der Messunsicherheit ergibt. Die letzte Stelle einer Ergebnisdarstellung stellt die letzte messtechnisch darstellbare Ziffer dar. Zu viele Dezimalstellen täuschen eine unzutreffende Genauigkeit vor und sind daher falsch«* (»Wie genau ist genau – Messfehler und der Umgang mit diesem Mysterium. Der Bau- und Immobilien-Sachverständige 6/2002, S. 214, Dipl.-Phys. Rainer Bolle).

- Ein Distanzmessgerät auf Laserbasis hat eine vom Hersteller genannte Messtoleranz. Diese ist immer aus der Geräteinformation abzulesen. Besonders, wenn es gilt große Entfernungen zu messen, ist es wichtig in das Gutachten mit aufzunehmen, wie das verwendete Gerät in derartigen Fällen reagiert. Nur dann kann ein Auftraggeber gegebenenfalls nachvollziehen, dass für den anstehenden Fall das richtige Messgerät von dem Sachverständigen gewählt wurde.

Bei dem Aufmaß von bewohnten Ferienwohnungen konnte ein modernes Lasermessgerät nicht eingesetzt werden, da Einrichtung und Nutzungsgegenstände die Verwendung nicht zuließen. Der Sachverständige hatte stattdessen mit Zollstöcken gemessen. Ein entsprechender Vermerk fehlte in dem Gutachten.

Der Auftraggeber bemängelte die veraltete Messmethode und die darin liegende Gefahr der Messungenauigkeit. Zugleich bemängelte er den genannten Zeitaufwand. Er stellte in Aussicht einen anderen Sachverständigen mit einer Kontrollmessung aller Wohnungen zu beauftragen. Erst der schriftlich formulierte Hinweis über die Gründe, warum mit Zollstöcken gemessen werden musste, führte zu der uneingeschränkten Annahme des Gutachtens.

Wieder ein klassischer Fall der zu kurzen Information des Sachverständigen in dem Gutachten über die besonderen Umstände, wie das erzielte Ergebnis entstanden ist.

Immer muss der Sachverständige prüfen: Kann mein Auftraggeber meine Ergebnisse nachprüfen? Habe ich alle Einzelheiten genannt mit denen ich zu dem Ergebnis gekommen bin?

5.10 Das »Drehbuch« für ein Gutachten

Sind alle Umstände abgeklärt, die zu der Annahme eines Gutachtenauftrages geführt haben, so muss die Aufgabenstellung hinsichtlich ihres Inhalts vorbereitend bearbeitet werden. Vergleichsweise ist es so, als wenn ein Arzt eine Operation vorbereitet. Er wird im Vorfeld alle Schritte mit den dazugehörigen Maßnahmen vorbereiten und auf ihre Erfolgsaussichten überprüfen. Erst wenn er zu einem lückenlosen und ihn überzeugenden Ergebnis gelangt ist, wird er zu der Operation schreiten. Genauso verfährt der Sachverständige. Er erarbeitet sich gleichsam ein »Drehbuch«, nach dem alle Arbeitsschritte ablaufen. Es muss in jedem Gutachtenfall davon ausgegangen werden, dass während der praktischen Gutachtertätigkeit noch genügend unvorhergesehene Ereignisse auftreten und in den Ablauf eingearbeitet werden müssen. Ein Gutachtenthema muss auf den Punkt gebracht werden. Jeder tätige Sachverständige hat mehrfach erlebt, dass er sich im Eifer einer Fallabwicklung in Nebengebieten verstrickt hat, weil er den gebotenen Weg des Verfahrensablaufes verlassen hat. »Blinder Eifer schadet nur«, ein altes, aber zutreffendes Sprichwort. Wer meint, er hätte den Knoten durchschlagen und könne dann schnell alle Gedanken zu einem Fall aufschreiben, noch ein wenig strukturieren, die Zahlen jonglieren, der irrt in den meisten Fällen. Ein versierter Jurist wird schnell die Schwachstellen in einem Gutachten erkennen und erbarmungslos seine Folgerungen ziehen.

Nachdenken verlangt Zeit, Entscheidungen verlangen Mut! Daran sollte der Sachverständige jederzeit bei einer Gutachtenbearbeitung denken. Und er sollte auch seinen Auftraggeber davon überzeugen, dass er nach diesem Leitsatz zu seinem Vorteil handeln wird.

5.11 Festlegung der methodischen Vorgehensweise

Jeder Fall ist anders, jedes Fachgebiet verlangt andere Schrittfolgen in der Abwicklung. Ist ein Sachverständiger für die Bewertung von bebauten und unbebauten Grundstücken von einer Bank mit einer Bewertung beauftragt, kann er eventuell mit Abwicklungsschemata aus dem Internet arbeiten.

- »In wenigen Schritten zum fertigen Gutachten«, so wird mancherorts geworben. Hier verlässt der Sachverständige mit Sicherheit den traditionellen Weg der Gutachtenbearbeitung zugunsten einer in Teilen vorgegebenen Abfolge.

- »Von der Auftragsannahme bis zum fertigen Marktwertgutachten, vollautomatisiert zum Verkaufswert«, auch hiermit wird für eine schnelle Grundstücks- und Gebäudebewertung geworben.

Wer mit standardisierten Texten nichts anfangen kann, wird weiterhin traditionell mit dem Wissen aus Seminaren und der Standardliteratur seine Gutachten erstellen. Ist ein Schreibtisch groß genug wird immer dafür Platz sein, ein gutes Mustergutachten in Sichtweite aufzuschlagen. Absatz für Absatz wird nach einem Vorbild das neue Gutachten erstellt, neue Inhalte in die bewährte Form gefügt. Formulargutachten, gleich welcher Art, sind nicht als Arbeitsnachweis im Bestellungsverfahren geeignet.

5.12 Kritische Prüfung aller Teilergebnisse

Wie in einem Puzzelspiel fügen sich erarbeitete Gutachtenteile zueinander. Die Durcharbeitung einer umfangreichen Gerichtsakte verlangt nach Gedankenstützen. Bei der Durchsicht ist immer die gestellte Aufgabe als Einzelpunkt oder in mehreren Punkten im Hintergrund präsent. Als praktische und einfache Bearbeitungsmethode hat sich erwiesen:

- Neben der zu lesenden Akte sollte der Sachverständige Formblätter in A4 Format besitzen, deren Seiten fortlaufend nummeriert sind. In eine Spalte werden die Seitennummern der Gerichtsakte eingetragen, wenn eine Fundstelle zu einer Sachangabe gefunden wurde. In dem verbleibenden Zeilenteil werden Stichworte für die Gutachtenbearbeitung eingetragen. In die Akte kann ein Klebezettel eingefügt werden. Dass in überlassenen Unterlagen nicht geschrieben werden darf, sollte selbstverständlich sein.
- Farbige Hinterlegung des Textes weist auf die Wichtigkeit der Fundstellen hin. Diese Blätter können als Nachweis der Aktenbearbeitung auch archiviert werden.

Ist eine Akte durchgearbeitet, kann nach diesem Fundstellentext schnell die Aktenfundstelle wieder gefunden werden. Bei der Bearbeitung werden die Fundstellen immer als abgearbeitet markiert. So kann auf den ersten Blick schnell erkannt werden, ob eine wichtige Textpassage bei der Bearbeitung vergessen wurde.

5.13 Konzeptbearbeitung

Liegt ein Rohkonzept für ein Gutachten vor, dann sollte eine je nach Bearbeitungsschritten mehrmalige Durchsicht erfolgen. Die Erfahrung zeigt, dass die Nacharbeit zeitversetzt, eventuell um Tage, erfolgen wird. Nur so lassen sich Fehler in der Formatierung oder Fehler bei einer logischen Reihenfolge erkennen. Schon jetzt wird es sich zeigen, ob ein Gutachten lesbar ist. Die fachliche Bewertung erfolgt parallel oder zu einem späteren Zeitpunkt. Die Arbeit am PC ermöglicht es jederzeit ganze Absätze in einer anderen Reihenfolge anzuordnen – bis die Folge passt. Manchmal müssen Erkenntnisse, die erst zu einem späteren Zeitpunkt aufgetreten sind, nachträglich in einen bereits erarbeiteten Gutachtentext eingearbeitet werden. Anschlusstexte müssen formuliert werden. In dieser Phase werden die Textteile in das Aufbauschema eines Regelgutachtens eingesetzt, dem Gutachtenaufbau.

5.14 Hilfsmittel für Problemlösungen festlegen

Wie erledige ich eine Problemlösung ohne großen Aufwand und mit einer für den Auftraggeber nachvollziehbaren Abwicklung? Hier handelt es sich um die Vorbereitung zu der in den meisten Gutachtenaufträgen erforderlichen örtlichen Besichtigung einer Sache. Womit erreiche ich was? Es ist Sache des Sachverständigen, dass er aus seiner Sachkunde für eine Fallgestaltung heraus erkennt, wie, mit wem, auf welche Art ein Problem gelöst werden kann.

Beispiel: Bei einem erheblichen Wasserschaden in einem Gebäude stellen sich Fragen im Vorfeld der Untersuchung:

- Kann das Gebäude überhaupt noch bewohnt werden?
- Wenn nicht, was passiert mit den Bewohnern?
- Wo bleiben sie bis der Schaden behoben ist?
- Wo bleibt das Inventar?
- Wer erledigt Transporte?
- Zu welchen Kosten dürfen die Bewohner in einem Hotel unterkommen?
- Wer sichert das Gebäude?

Diese und andere Fragen müssen schon im Vorfeld einer örtlichen Begehung geklärt werden, um dann in das Gutachten eingebracht zu werden. Es entstehen Fragen, die noch nichts mit der Schadensbewertung zu tun haben aber von dem Sachverständigen abgeklärt werden müssen. Es wird im genannten Fall gegebenenfalls ein Schadensregulierer eingeschaltet werden müssen, um

Hilfestellung zu erhalten. Ein gewerblich tätiger Regulierer für Schadensereignisse wird dem Sachverständigen nach einer eigenen Begehung eine genaue Auflistung aller erforderlichen Arbeiten von der Räumung des Schadensbereiches bis hin zu der nutzungsfähigen Wiederherstellung liefern. Kosten, die für diese Tätigkeit anfallen, sind den Gutachtenkosten zuzurechnen.

Hat der Sachverständige eigene PC-Programme für Schadensberechnungen, so muss er in seinem Gutachten das verwendete Programm nennen. Dieses soll deshalb geschehen, damit der Auftraggeber selbst nachforschen kann und die gleichen Hilfsmittel verwenden kann, wenn er das will.

Beispiel: Ein Gutachter nennt in seinem Gutachten einen durchschnittlichen Nettostundensatz für die Durchführung von Heizungs- und Sanitärarbeiten. Er holt sich mehrere Einkünfte von bekannten Fachfirmen ein und bildet aus den ihm genannten Preisen für den Ort, an dem die Schadenskosten geschätzt werden sollen, einen Durchschnittspreis, den er in seinem Gutachten nennt. Er macht keine Angabe darüber, wie er zu dem durchschnittlichen Stundenpreis gelangt ist. Das Gutachten wird in diesem Punkt angefochten, da mit dem genannten Stundensatz umfangreiche Arbeiten kostenmäßig ermittelt wurden. Erst im zweiten Anlauf mit Nennung der Quellen für seinen Durchschnittspreis, wird sein Gutachten akzeptiert.

5.15 Bewertung von Schadenskriterien vornehmen

In dem Fachbuch »Der Sachverständige und seine Auftraggeber« (Klocke, W.; Neimke, L.: 1. Auflage. Stuttgart: Fraunhofer IRB Verlag 2003) werden weitreichende Hinweise darüber gegeben, wie Sachverständige mit der Bewertung eines Schadensfalls umgehen müssen. So ist z. B. bei einem Schaden zwischen dem objektiven Wert einer Sache und dem Geltungswert einer Sache zu unterscheiden. Es ist z. B. der Wert festzustellen, den ein Objekt für jedermann hat. Der Begriff »Liebhaberwert«, also der Wert den jemand ganz persönlich einer Sache beimisst, ist mit größtem Fingerspitzengefühl und nur mit großer Erfahrung festzustellen und dem Geschädigten zu vermitteln.

Beispiel: Eine Serie von Fotoalben, die in einer Familie überliefert wurden und Bilder der verlorenen Heimat zeigten, sind unwiederbringlich durch einen Wasserschaden zerstört worden. Die Bilder hatten einen subjektiven Wert für den Geschädigten, aber wie hoch kann der objektive Wert bzw. der Wert für eine versicherungstechnische Kostenregulierung sein?

Wertvorstellungen müssen von Sachverständigen im gerichtlichen oder privaten Auftrag nachvollziehbar aufgearbeitet und überzeugend dargelegt werden.

Gibt es eventuell für gewisse Schadensanalysen Systeme oder Berechnungsarten mit denen man sich den geforderten Wertmaßstäben nähern kann? Wenn ja, z. B. nach dem System der Quotelung oder der Zielbaummethode? Es werden Soll-, Ist-Vergleiche angestellt, Toleranzgrenzen festgelegt, Kosten ermittelt usw. *»Die auf der Nutzwertanalyse basierende Zielbaummethode hat sich zur Ermittlung baumängelbedingter Minderwerte schon häufig bestens bewährt und ist in der Rechtsprechung und Literatur anerkannt. Zutreffend setzt das Gericht die Zielbaummethode jetzt auch bei der Beurteilung ein, welcher Erfolg mit einer Mangelbehebung erreichbar ist. Für die Prüfung der Unverhältnismäßigkeit eines Mangelbehebungsaufwandes gibt es inzwischen einen auf der Grundlage der BGH-Rechtsprechung entwickelten systematischen Ablaufplan«* (A. Kamphausen, Deutsches Architektenblatt 8/98).

Allein die hier angerissenen Fragen weisen darauf hin, dass der Sachverständige ein großes Wissen über Literaturfundstellen oder Fundstellen im Internet haben muss. Fast kein Fall kann aus der Hand heraus ohne umfangreiche Studien der Fachliteratur oder ohne Studium von Fundstellen im Internet gelöst werden und in den Zusammenhang mit dem eigenen besonderen Fachwissen gebracht werden. An dieser Stelle sollte der Sachverständige eine kritische Denkpause einlegen.

- Was ist wirklich »sicher« recherchiert?
- Gibt es noch andere Wege zur Problemlösung?
- Habe ich den Wert einer Sache richtig berechnet?
- Habe ich alle Fundstellen genutzt, die verfügbar waren?
- Habe ich alle Ursachen in einem Schadensfall gesehen?

Die Erfahrung zeigt: Heimliche Zweifel bleiben. Wer mit diesen Zweifeln nicht leben kann, wer die Fertigstellung eines Gutachtens immer wieder vor sich herschiebt, in der Erwartung, ihm fällt zu dem anstehenden Fall noch etwas ein oder er stößt noch auf eine Literaturfundstelle, der sollte sich fragen, ob er für die Sachverständigentätigkeit geeignet ist. Der Zögerliche vergisst, dass er von einem Berufszweig, den er erlernt hat, seine finanzielle Existenz bestreiten will! Also wird er das Gutachten fertig stellen. Der Sachverständige muss wissen, dass er bei allem Mühen in der Sache auf den juristischen Fragesteller trifft, der Lücken in dem Gutachten erspäht, scheinbar nicht logische Abfolgen ermittelt haben will, den gewählten Textfluss nicht versteht und den Gutachteninhalt überhaupt in Zweifel zieht. Wer das erkennt, der wird gelassen zur Fertigstellung eines Gutachtens kommen, mit dem Wissen, dass Nachfragen und weitere Objektbegehungen folgen, Ergänzungsgutachten geschrieben werden und eventuell auch weitere Gutachter eingeschaltet werden müssen. Auf die entsprechenden Ausführungen im Kap. 7.1.7 Bewertung, 2. Punkt, S. 139 wird hingewiesen.

»Die nach § 485 ABS:« Nr.: 2 ZPO zulässige Feststellung eines Sachmangels im selbstständigen Beweisverfahren kann auch die Festlegung der Quote der Verursachung aus technischer Sicht durch den Sachverständigen umfassen« (Oberlandesgericht München, 12.09.97, Az. W 2066/97).

Der Sachverständige müsste bei einem entsprechenden Anlass schreiben: *»Nachfolgend die Aufteilung des genannten Schadensumfanges aus technischer Sicht.«*

5.16 Prüfung von Formulierungen und Fremdwortanalyse

Es gilt ein Gutachten lesbar zu erstellen. Nicht jedes Fachgebiet ist frei von für den Laien unverständlichen Formulierungen oder Fremdworten. Anglizismen sind in den Fachsprachen heute selbstverständlich. Nicht selbstverständlich ist es, dass nur aus einem Zusammenhang heraus Problembereiche erkannt werden. Im Bauwesen besteht noch am meisten die Möglichkeit mit einfachen, klaren Worten Zusammenhänge und Probleme zu benennen (siehe Kap. 4.3). Wer meint, dass komplizierte Formulierungen für eine besonders hervorgehobene Fachsprache gehalten werden, der täuscht sich. Nicht unbekannt ist, dass »einfaches Schreiben« schwer ist. Und doch ist es möglich und kann geübt werden.

* Der Text sollte ohne Einschränkungen geschrieben werden.
* Als nächster Schritt wird geprüft, ob Ausdrucksschwächen, z. B. durch Verwendung von Spezialbegriffen, bestehen. Evtl. muss eine Erklärung erfolgen.
* Satzlängen als Schachtelsätze, die sich vom Gedankenfluss her ergeben, sind aufzulösen, abzukürzen.

Die vorgenannten Hinweise können nur grundsätzlich gemeint sein. Jeder muss sich hier selbst prüfen. Auf weitere Einzelheiten wurde im Kap. 4.3 bereits eingegangen.

5.17 Fertigstellung des Gutachtens

Ist das Konzept fertig gestellt, sollte dieses einmal mit allen Anlagen ausgedruckt werden, um konzentriert und in Ruhe die Nachkontrolle vorzunehmen. Das Gutachten sollte noch nicht vervielfältigt oder gebunden sein.

Kein Sachverständiger sollte sich von einem Auftraggeber drängen lassen, nun endlich fertig zu werden. Vereinbarte Termine sind selbstverständlich einzuhalten. Zwischen der Konzeptfertigstellung und der Nachlese sollten Tage mit anders gearteter Tätigkeit liegen. Dieser Abstand hilft Einzelheiten zu vergessen und damit wird es möglich, Fehler in der Sache oder im Gutachtenaufbau zu erkennen.

5.18 Auswahl der dem Gutachten beizufügenden Unterlagen

Es ist allein Sache des Sachverständigen zu beurteilen, welche Unterlagen einem Gutachten beigefügt werden müssen, damit das Gutachten allein aus sich heraus verstanden wird. Beigefügt werden je nach Auftragssituation und Fallgestaltung:

- Fotos von Gegenständen mit Bezeichnung, wo die Fotos entstanden sind.
- Fotos von geschädigten Bereichen mit Nennung, wo die Schäden sich befunden haben.
- Schriftstücke mit Seitenangaben von Verträgen, Beschreibungen, Kaufurkunden, Betriebsanleitungen usw.
- Zeichnungen – verkleinert mit entsprechendem Hinweis – in einer Größe, die noch Maßangaben deutlich erkennen lässt, usw.

Nicht in einen Anhang gehören Kopien von ganzen Fachbuchartikeln, ganze Normblätter, umfangreiche Verträge, Schriftsätze aus Gerichtsakten. Hier genügt es auf die Fundstellen hinzuweisen, so dass jedermann die Möglichkeit hat eine eigene Nachforschung zu betreiben.

Sind die einem Gutachten zuzuordnenden Anhänge sehr umfangreich können auch eigenständige Ordner zusammengestellt werden. Diese Ordner sind mit einem Index zu versehen, so dass eindeutig klar ist, was in dem Ordner enthalten ist.

5.19 Rückgabe aller überlassenen Unterlagen

Nicht immer erhält der Sachverständige alle erforderlichen Unterlagen von nur einem Auftraggeber.

Selbst in einem Privatauftrag können mehrere Personen Unterlagen zur Verfügung stellen. Da sind zum einen der Auftraggeber, zum anderen ein oder mehrere Schadensverursacher, die auf Verlangen ihre Unterlagen zum anstehenden Fall zur Verfügung stellen müssen, wenn der Sachverständige die Anforderung ausspricht.

Die gleiche Situation ergibt sich im Versicherungsfall. Auch hier kann es sich um einen Geschädigten handeln, aber zugleich um einen bis mehrere Schadensverursacher.

Im gerichtlichen Bereich können mehrere Parteien vorhanden sein. Im Laufe des Verfahrens treten gegebenenfalls Nebenintervenienten einem Streit bei, die beteiligt sein wollen und gegebenenfalls wichtige Unterlagen zur Aufklärung eines Falls beisteuern können.

Beispiel: Für eine Beweissicherung, die für eine Grundwasserabsenkung durchgeführt wird, müssen einen Vielzahl von Häusern begangen, und der vorhandene Zustand dokumentiert werden. Für jedes der begangenen Häuser wird der Sachverständige versuchen Gebäudepläne zu erhalten, um seine Dokumentationen genau nach den angetroffenen Gegebenheiten vornehmen zu können. Die Unterlagen werden gegebenenfalls mit Zustimmung der im Beweisverfahren beteiligten Anwälte von den Parteien in jedem Haus dem Sachverständigen ausgehändigt. Hier wird eine genaue individuelle Aufbewahrung nach Hausnummern erforderlich. Nach der Gutachtenfertigstellung werden dann die überlassenen Unterlagen für jedes Gebäude dem entsprechenden Anwalt zugestellt. Eventuell auch den Gebäudeeigentümern direkt, wenn das mit den Parteien so einvernehmlich vereinbart war. Kommen hier Unterlagen durcheinander, falsche Unterlagen in falsche Hände, wäre das ein fataler Fehler in Bezug auf die private Sphäre der Eigentümer der Häuser, deren Unterlagen vertauscht wurden.

Unter Kap. 6.8 ist auf die Handhabung der Dokumentation mit der Rückgabe in einem Gutachten hingewiesen. Grundsätzlich gilt: Wer die Unterlagen herausgegeben hat, der erhält sie zurück.

5.20 Archivierung von Unterlagen

Die Archivierung von überlassenen Unterlagen als Kopien ist im Regelfall nicht erforderlich. Das vollständige Gutachten wird als Papierstück zehn Jahre aufbewahrt. Die immer im Raum stehende Frage, ob nicht eine PC-Speicherung, z. B. mit einer CD-ROM, vorteilhafter sei, muss verneint werden. Es ist nicht sichergestellt, dass über den Archivierungszeitraum von zehn Jahren gewährleistet ist, dass die gespeicherten Daten auch noch zur Verfügung stehen. Fachleute warnen davor.

Die »Welt« am 18.02.08: *»Wer seine Urlaubsvideos auf DVD für immer gesichert glaubt, der irrt«*. Der Autor des Artikels sieht als Informatiker die gesamte Langzeitarchivierung von Bits und Bytes in Gefahr. Nicht unbekannt ist die Tatsache, dass über einen größeren Zeitraum hinweg gespeicherte Daten verloren gehen können. Wenn Urlaubsbilder verschwinden, warum sollen nicht auch ganze Gutachtentexte verschwinden?

Die Haltbarkeit von Daten beträgt auf

- CD-ROM 30 Jahre
- wieder beschreibbaren CD 5–10 Jahre
- Festplatte 3–5 Jahre
- USB Datenträger 3–10 Jahre
- Fotopapier über 100 Jahre.

Ein in Papierform abgelegtes Gutachten steht jederzeit, einschließlich der sonstigen zum Gutachtenablauf gehörenden Unterlagen, zur Verfügung, wenn systematisch in einem Büro archiviert wird. Der Sachverständige denke daran, dass er z. B. bei einer mündlichen Anhörung nur mit einem Papierstück des Gutachtens einer Verhandlung folgen kann. Das Blättern zeitgleich über mehrere Seiten in einer Verhandlung wird am Laptop kaum gelingen. Stellt ein beteiligter Anwalt dann großzügig sein Papierexemplar dem Sachverständigen zur Verfügung, ist das zugleich ein Negativpunkt für den Sachverständigen. »Er hat den Fall nicht im Kopf und kann mit dem Laptop der Verhandlung nicht folgen«. Im Übrigen kann der Sachverständige vor jeder Verhandlung im angemessenen Zeitrahmen, die Akte bei dem Gericht zur Einsichtnahme anfordern. Nur so kann er über den letzten Stand des Verfahrens informiert sein, denn nach Abgabe seines Gutachtens kann eine geraume Zeit vergangen sein, in der diverse Schriftstücke der beteiligten Anwälte bei Gericht eingegangen sein können. Im Normalfall sind das Stellungnahmen zu Gutachteninhalten.

Diese Inhalte zu kennen, ist für den Zusammenhang mit zu beantwortenden Fragen in einer mündlichen Anhörung sehr wichtig.

Der Sachverständige weiß bei der Abgabe eines Gutachtens niemals ob, wann und wie er gegebenenfalls zu seinem Gutachten gehört werden wird. Also muss er sich auf Nachfragen einrichten und schnell reagieren können.

5.21 Honorarermittlung, Nachkalkulation

Dem Gutachten ist bei der Übergabe an den Auftraggeber grundsätzlich die Honorarabrechnung (Entschädigungsabrechung im gerichtlichen Bereich) beizufügen. Deshalb soll hier kurz auf die Gutachtenabrechnung eingegangen werden. Über Einzelheiten der Abrechnung in den verschiedenen Beauftragungsfällen ist im Grundsatz in Kap. 5.6 bereits hingewiesen worden. Es würde den Rahmen des Buches sprengen, wenn hier auf alle Einzelheiten der Abrechnungsmöglichkeiten hingewiesen würde. Im Anhang ist auf die Grundsatzliteratur – besonders der Abrechnung im gerichtlichen Bereich – hingewiesen. Nach dem JVEG muss der Sachverständige nach dem tatsächlichen Zeitaufwand abrechnen. Das wird ihm nur dann auf Dauer gelingen, wenn er für jedes Gutachten einen Zeiterfassungsbogen führt, in dem alle Aktivitäten, auch von Mitarbeitern, eingetragen werden. Für den Zweifelsfall können solche Abrechnungsnachweise zum Nachweis der aufgewendeten Arbeitsstunden verwendet werden. Besonders im privaten Auftragsbereich wird es unerlässlich sein, Zeitnachweise für jeden, der an dem Gutachtenauftrag tätig wurde, zu führen. Ein Sachverständiger kann nicht den Umfang und die Qualität einer Gutachtenbearbeitung an einem eventuell gesetzten Kostenlimit orientieren. Er muss, wenn er einen Auftrag annimmt, den Auftrag lückenlos und umfassend abarbeiten, am Ergebnis des Gutachtens darf keinerlei Zweifel hinsichtlich der umfassend angestellten Untersuchungen bestehen. Der persönliche Zeitaufwand kann nicht als der individuelle Maßstab gesetzt werden, sondern es kann grundsätzlich nur die Zeit in Rechnung gestellt werden, die ein Sachverständiger mit durchschnittlicher Befähigung und Erfahrung bei sachgemäßer Auftragserledigung benötigt.

Urteil Landessozialgericht Niedersachen vom 01.08.01. Az. L 4 SF 3/01: *»1. Bei der Entschädigung eines Sachverständigen nach § 3 Abs. 2 S. 1 ZSEG (Vorläufer zum JVEG) sind für Diktat und Korrektur eines Gutachtens im Regelfall 4-6 Seiten pro Stunde anzusetzen«.* Der Inhalt dieses Urteils ist auch auf die neuere Abrechnungsmethode nach dem JVEG anzusetzen. Eine Nachkalkulation jedes Gutachtens bringt auf die Dauer eine größtmögliche Sicherheit, so dass im Voraus die erforderliche Kosteneinschätzung möglich wird. Im gerichtlichen Bereich wird im Regelfall von einer Toleranzgrenze bis zu 25 % über den im Auftragsfall angesetzten Kostenrahmen ausgegangen. Versäumt es der Sachverständige das Gericht rechtzeitig, d. h. vor Arbeitsbeginn, darauf aufmerksam zu machen, dass mit höheren Kosten für das Gutachten zu rechnen ist, besteht die Möglichkeit der erheblichen Entschädigungskürzung. Der Sachverständige sollte sich rechtzeitig, d. h. bereits schon zum Zeitpunkt der Auftragsannahme darüber im Klaren sein, dass neben den tatsächlichen Arbeitsstunden erhebliche Nebenkosten entstehen können.

Beispiel: Für die Erstellung eines Gutachtens wurden brutto € 2.000,- als Vorschuss angesetzt. Der Sachverständige hatte bei der ersten – oberflächlichen Kalkulation übersehen, dass in dem speziellen Fall eine hohe Anzahl von Fotos gefertigt werden musste, und dass das Gutachten in sechsfacher Ausfertigung ausgestellt werden sollte. Die hohe Zahl von Fotos (180 Stück je Gutachtenexemplar) bei siebenfacher Herstellung (6 × Originalgutachten, 1 × Handaktenstück) führte dazu, dass der Fall nicht wirtschaftlich abgerechnet werden konnte. Hinzu kam, dass statt mit 19 % MwSt. noch mit 16 % kalkuliert worden war. Eine Erhöhung des Kostenvorschusses war nicht angefordert worden. Der Sachverständige blieb auf seinen Kosten sitzen, soweit diese 25 % des Kostenvorschusses überstiegen. Die Frage nach der richtigen Einschätzung des in einem Gerichtsauftrag genannten Entschädigungsbetrages bewegt jeden Sachverständigen mit Beginn seiner Tätigkeit. Nur unter bestimmten einschränkenden Bedingungen ist es möglich eine grobe Vorausschätzung zu erstellen.

- Die gestellte Aufgabe ist im näheren Umfeld des Sachverständigenbüros abzuarbeiten, z. B. im Ortsbereich einer mittelgroßen Stadt.
- Dem Sachverständigen ist ein Schadensort bekannt.
- Die Aufgabenstellung ist einfach, z. B. bei einer Schadensbewertung eine kleine Zahl von zu bearbeitenden Punkten, die aus der Fragestellung heraus einfach zu bearbeiten scheinen.

Legt man einen Arbeitstag mit 6 Std. zu Grunde, da i. d. R. 2 Std. für andere Aufgaben in einem Büro benötigt werden, so verbleiben für die Arbeit an dem Gutachten ca. 2,5 Arbeitstage. Allein diese einfache Berechnung an einem Beispiel verdeutlicht, wie schwierig es für den Sachverständigen ist, den vom Gericht eingesetzten Vorschussbetrag richtig einzuschätzen.

Ohne eine Kostenkontrolle für jedes Gutachten durchzuführen, besteht immer die Gefahr, dass der Sachverständige nicht im wirtschaftlichen Rahmen Gutachten erstellt. Durch sonstige Tätigkeiten in einem Büro müssen gegebenenfalls Verluste aufgefangen werden.

Die im vorgegebenen Rahmen liegende Entschädigungsabrechnung wird für den geübten Sachverständigen auf Dauer kein Stolperstein sein. Wesentlich wichtiger ist der Umstand, dass Gerichte eventuell wegen verfehlter Darlegungstechnik die vom Sachverständigen berechnete Entschädigung kürzen. Es häufen sich die Fälle, in denen Sachverständigen wegen Mängeln in dem Gutachten – z.B. Beantwortung von Rechtsfragen – die Entschädigung gekürzt wird. Die Ursachen liegen darin begründet, dass es den SV nicht gelingt, den besonderen Anforderungen eines gerichtlichen Gutachtens einschließlich des Auftretens vor Gericht gerecht zu werden. Der Richter, der in der Auswahl des SV frei ist, wird immer wieder den SV beauftragen, der in der Lage ist, die gestellten Beweisfragen knapp und erschöpfend zu beantworten, andererseits vor Gericht besonnen aber bestimmt aufzutreten in der Lage ist.

6 Der Aufbau eines Gutachtens. Was gehört wohin?

6.1 Der Aufbau eines Gutachtens im Grundsatz

Der Auftraggeber eines Gutachtens will, wenn er daran interessiert ist, mühelos vom Auftragserhalt bis zum Ergebnis eines Gutachtens den gesamten Sachverhalt erkennen können. Alle unter den vorgenannten Punkten genannten Inhaltsteile müssen systematisch aufeinander aufbauend gelesen werden können. Allein dieser Umstand führt zwangsläufig dazu, dass ein Gutachten in bestimmten Abschnitten aufgebaut werden muss. Die Tatsache, dass ein Gutachten aus bestimmten Inhaltsteilen und einer bestimmten Reihenfolge des Inhalts bestehen muss, hat aber bisher nicht dazu geführt, dass ein grundsätzliches vorgeschriebenes Gutachtenmuster entwickelt wurde. Es gibt kein DIN-geprägtes Muster, es gibt keine absolut abzuarbeitende Reihenfolge im Inhalt.

Es gibt den immer wieder wiederholten Hinweis, Gutachten müssen logisch aufgebaut sein, sich auf die wesentlichen Punkte in dem anstehenden Fall beschränken, und sie müssen nachvollziehbar sein. Nirgendwo gibt es eine Aussage darüber, was damit nun exakt gemeint ist.

Es gibt lediglich Leitvorgaben, die in Fachpublikationen aufgestellt sind. Diese sind von Gremien ausgearbeitet worden, die sich mit dem Sachverständigenwesen befassen oder von Richtern oder Rechtsanwälten, die aus jahrelanger Erfahrung im Umgang mit Gutachten grundsätzliche Vorgaben zur Gutachtenerstellung entwickelt haben.

Kein Sachverständiger kommt daran vorbei sich mit der Standardliteratur im Sachverständigenwesen zu beschäftigen. Jeder muss sich für sein Sachgebiet aus den grundsätzlichen Hinweisen den für sein Fachgebiet erforderlichen Aufbau selbst erarbeiten. Die Vorgaben sind gegeben, der Einzelfall ist selbst zu erarbeiten.

Sachverständige im gerichtlichen Bereich, im privaten Auftrag, im Versicherungswesen, im Bankenauftrag, in Institutionen wie dem Kfz-Gewerbe oder dem Landwirtschaftswesen werden unterschiedliche Anforderungen an einen Gutachtenablauf stellen müssen.

Dem Juristen, der sich aus seiner Aufgabenstellung als Interessenvertreter eines Mandanten heraus mit Gutachten beschäftigt, will verstehen können, was gemeint ist.

Der »selbsternannte« oder »freie« Sachverständige ist nicht frei in der Gutachtengestaltung. Wenn er sich als Gutachter in seinem Grundberuf ausgibt, wird auch er sich den Anforderungen an Gutachteninhalte stellen müssen, wenngleich er über seine Kenntnisse keine Nachweise führen muss.

Sachverständige für Versicherungen oder Banken, soweit sie ebenfalls zu den nicht öffentlich bestellten und vereidigten Sachverständigen gehören, werden sich den Anforderungen ihrer Auftraggeber unterwerfen müssen. Sie werden feststellen, dass sie, sofern sie nicht »formularmäßig« arbeiten ebenso zwingend den logischen Gutachtenablauf beherrschen müssen.

6.2 In der Standardliteratur genannte Möglichkeiten

In Kap. 1.5 sind Literaturfundstellen genannt, in denen Hinweise zum Aufbau und Inhalt eines Gutachtens genannt sind. Sie stellen nicht die Vollständigkeit der Veröffentlichungen dar. Sie sind lediglich eine Auswahl ohne eine bestimmte Reihenfolge. Erst die Durchsicht mehrerer Fundstellen veranschaulicht dem Leser die Wichtigkeit des Themas einerseits, auf der anderen Seite wird die breite Spanne der Variationsmöglichkeiten des Themas aufgezeigt.

Analysiert man die im Anhang genannten Fundstellen zu dem Gutachtenaufbau und Inhalt, so kann man zu dem Schluss kommen, dass alle Fundstellen ein gemeinsames Grundschema für den Gutachtenaufbau beinhalten.

Dass es für die verschiedensten Fachbereiche unterschiedliche Möglichkeiten in der Inhaltsdarstellung gibt, soll hier nicht verschwiegen werden. Auf die Formulargutachten, die nach PC-Programmen aufgebaut sind, wurde bereits hingewiesen. Jeder Sachverständige muss für seinen Fachbereich selbst erkennen, in wie weit er dem als schulmäßig anzusehenden Gutachtenaufbau folgt ohne das Schema zu variieren. Zu dem besonderen Sachverstand des Sachverständigen gehört, dass er in der Lage ist zu erkennen, wie der rote Faden für seine Gutachten gestaltet werden muss. Ein zur öffentlichen Bestellung anstehender Sachverständiger, der Probegutachten abliefern muss, ist gut beraten diese einem bekannten Grundschema zu unterwerfen. Wenn dieses Schema dann noch in einem Grundlagenseminar vermittelt wurde, werden Beanstandungen in diesem Bereich nicht auftreten.

In jedem Fachgebiet gibt es Abweichungen von schulmäßigen Schemata. Das zu erkennen zeichnet den guten Sachverständigen aus.

6.3 Das Gutachtendeckblatt

Dem Gutachteninhalt ist das Deckblatt des Gutachtens inhaltlich und in der Gestaltung vorgelagert. Unter Kap. 4.1 wurden grundsätzliche Hinweise über einzuhaltende technische Standards gegeben mit dem Hinweis, dass die Werbewirkung eines gut gestalteten Deckblatts nicht unterschätzt werden sollte. Das Deckblatt des Gutachtens ist eine hervorragende Plattform, um auf sich aufmerksam zu machen. Nach dem Auftraggeber richtet sich der Textinhalt, die Informationen, die gegeben werden müssen.

- Farbige Gestaltungen mit grafischen Darstellungen der Tätigkeit des Sachverständigen sind möglich (ein Fahrradsachverständiger könnte z.B. ein grafisch dargestelltes Fahrrad als Logo verwenden).
- Die Schriftart im Blattkopf oder auf einer seitlichen Schriftleiste kann einprägsam gestaltet werden.
- Die berufliche Grundqualifikation kann neben dem Bestellungstenor hervorhebend gezeigt werden. (Dipl.-Ing., Dr.-Ing., Bachelor, Master, Berufsverbände usw.).
- Das Fachgebiet, in dem der Sachverständige tätig ist oder öffentlich bestellt und vereidigt ist, muss genannt werden.
- Die bestellende Körperschaft, IHK, Architekten- oder Ingenieurkammer, Landwirtschaftskammer, Handwerkskammer oder andere Institutionen müssen genannt werden.
- Die vollständige Büroanschrift des Sachverständigen mit den Kommunikationsmöglichkeiten ist zu nennen.
- Jedes Gutachtenexemplar muss auf dem Deckblatt unten rechts eine Identifikationsnummer tragen, z.B. »1. Exemplar«. Für das Verständnis zwischen allen Beteiligten in einem gerichtlich anhängigen Fall ist es für alle Beteiligten wichtig zu wissen, wer welches Gutachtenexemplar hat. Kopien werden ohne Befragung des Sachverständigen unkontrolliert durch private Auftraggeber aber auch von Beteiligten in Gerichtsverfahren gefertigt.
- Öffentlich bestellte und vereidigte Sachverständige müssen eine Archivnummer für jeden Gutachtenfall nennen. Dieser Hinweis kann auch am Schluss des Gutachtens gesetzt werden.
- Das Ausstellungsdatum zu dem Gutachtenfall kann ebenfalls unten rechts auf dem Deckblatt geführt werden, unabhängig von der Nennung des Ausstellungsdatums zum Schluss des Gutachtens. Besonders bei telefonischen Nachfragen ist es für den Sachverständigen wichtig zu wissen, ob der Anrufer eines der herausgegebenen Gutachtenexemplare besitzt oder nur

ein interessierter Mitläufer ist, der den Sachverständigen zu einzelnen Passagen seines Gutachtens ausfragen will.

* Das in dem Fall zuständige Gericht wird genannt, wenn es sich um einen Gerichtsfall handelt.
* Das gerichtliche Aktenzeichen muss genannt werden.
* Die Parteien sind mit Namen zu nennen, die klagende Partei zuerst.
* Im Privatauftrag ist der Auftraggeber mit dem zur Untersuchung anstehenden Objekt zu nennen.
* Im Versicherungsfall wird die beauftragende Versicherung genannt mit dem zur Untersuchung anstehenden Fall.
* Die Schadensnummer mit der Versicherungsnummer ist im Versicherungsauftrag zu nennen.

6.4   Der Gutachtenaufbau im Regelfall

Die in den vorhergehenden Kapiteln genannten Gutachteninhalte müssen in ein einfaches Rahmenschema eingebaut werde. Zum besseren Verständnis, was gemeint ist, werden vorhergegangene Inhaltsteile aufgegriffen und in die richtigen Aufbaupunkte eingeordnet. Aus der Logik des Verstehens eines Gutachtensinhaltes ergibt sich fast zwangsläufig eine Themenreihenfolge wie folgt:

1.00 Auftrag und Zweck des Gutachtens:
Aus der Art des Auftrages und dem darin genannten Zweck ergeben sich die Art und der Umfang eines Gutachtens.

2.00 Unterlagen zu dem Gutachten:
Die zu einem Fall ausgehändigten Unterlagen zu dem Sachthema ergänzen die Feststellungen des Sachverständigen an Ort und Stelle.

3.00 Beschreibung des zu begutachtenden Objektes:
Diese allgemeine Beschreibung stellt die Einführung zu dem Stoff dar, der von dem Sachverständigen behandelt werden soll. Es werden an dieser Stelle noch keine Schlussfolgerungen zur Sache gezogen.

4.00 Grundlagen für die Objektbegehung:
Hier werden alle Terminvorgaben und zeitlichen Abläufe mit den teilnehmenden Personen genannt. Es handelt sich um die Einleitung der Tatsachenfeststellung.

5.00 Die (örtlichen) Feststellungen:
Hier werden die Tatsachenfeststellungen aufgeführt. Der Sachverständige schildert den von ihm persönlich vorgefundenen Zustand einer

Sache (die Inaugenscheinnahme einer Sache). Es handelt sich um die Benennung des Ist-Zustandes.

6.00 Die Bewertung und Zusammenfassung:

Hier wird der Sachverständige zuerst die Bewertung der von ihm vorgefundenen Zustände in systematischer Reihenfolge – z.B. nach einem Beweisbeschluss – vornehmen. Es handelt sich um die so genannte Soll-Feststellung. Die Zusammenfassung in einem möglichst kurzen Absatz oder einer Zahl stellt das Gutachtenergebnis dar. Die Zusammenfassung kann auch als gesonderter Aufzählungspunkt in das Gutachten eingebracht werden wenn es sich beispielsweise um einen umfangreicheren Textteil handelt.

7.00 Anlagen und Dokumentation:

Es werden dem Gutptachten diejenigen Unterlagen beigefügt, die für die Nachvollziehbarkeit des Gutachteninhaltes nötig erscheinen.

Die vorgenannte Gutachtenunterteilung ist als der Regelfall anzusehen. Das bedeutet, dass es durchaus Gutachtenfälle gibt, die eine andere, differenziertere Aufteilung verlangen. Wenn örtliche Feststellungen nicht erforderlich sind, dann kann es auch keine örtliche Begehung geben.

Die Bewertung eines Schadens wird häufig in Unterteilungen der einzelnen Bewertungsschritte vorgenommen werden. Es werden eventuell neben Erklärungen in Textform umfängliche Berechnungen erforderlich werden.

Die Zusammenfassung wird den letzten Teil eines Gutachtens ausmachen. Sie kann aus einem Satz, aus einer Zahl als Ergebnis einer umfangreichen Berechnung oder in einer kurz gefassten Beschreibung unter Hinweis auf Ergebnisse in Einzelpunkten bestehen.

Beispiel: Unter Berücksichtigung der Bewertung zu den Fragen in dem Beweisbeschluss kann davon ausgegangen werden, dass die Schäden an dem Objekt so beseitigt werden können, dass eine Wertminderung nicht entsteht.

In einem Beweisbeschluss in Punkteform wird das Ergebnis sich nach den einzelnen Punkten richten. Es muss kein zusammengefasstes Ergebnis geben, da die Beantwortung jedes einzelnen Punktes verlangt wird.

Die Praxis zeigt, dass nach dem Ergebnis der örtlichen Feststellungen sofort das Ergebnis der Untersuchung genannt werden kann. Das bedeutet, die Gutachtenpunkte 5.00 und 6.00 werden zusammengefasst beantwortet, d.h. erst kommt die Ist-Feststellung und sofort folgt die Soll-Bewertung.

Damit kann ein Gutachten kompakter gestaltet werden, was für die Lesbarkeit von Vorteil ist.

Wird ein Abschluss als Zusammenfassung benötigt, wird dieser Punkt selbstständig an das Ende eines Gutachtens gestellt.

Es muss hier noch einmal darauf hingewiesen werden, dass es kein starres Bearbeitungsschema für ein Gutachten gibt. Jeder Sachverständige muss in seinem Fachgebiet, für jedes Gutachten immer wieder neu die Frage stellen: Wie viele Schritte benötige ich, um die gewünschte Klarheit für die Nachvollziehbarkeit meiner Gedanken zu dem Thema herzustellen?

Vorgaben für die Anzahl der Bearbeitungsschritte können neben der abzuarbeitenden Fragegestellung die Anzahl der zur Verfügung gestellten Unterlagen sein. Eventuell verlangt jede Unterlage eine eigene Antwort.

Ein Beweisbeschluss kann in einzelnen Punkten so verschachtelt ausgedrückt sein, dass es nur mit Unterpunkten möglich sein kann, den Leser zu einem richtigen Ergebnis zu führen.

Ein Beispiel hierzu aus einem gerichtlichen Beweisbeschluss als ein Punkt unter anderen: *»Inwieweit sind die Mängel Ausdruck fehlerhafter Planung durch den Beklagten bzw. fehlerhafter Koordinierung im Zuge (unzureichender) Bauleitung und Bauaufsicht einerseits bzw. inwieweit handelt es sich um Ausführungsfehler der Handwerker andererseits und inwieweit sowohl um das eine als auch das andere?«* Die Klarheit der Fragestellung muss hier in Zweifel gezogen werden.

Ein anderes Beispiel aus einem gerichtlichen Beweisbeschluss ebenfalls als ein Punkt unter anderen Punkten: *»Der Sachverständige soll sich bei seiner Begutachtung an der Mängelliste in dem Gutachten des Sachverständigen vom ... orientieren, und auch zu den Kommentierungen der Parteien in ihren Schriftsätzen vom ... und vom ... (Replik der Kläger) d. A. Stellung nehmen«.* Auch hier fehlt es nach dem ersten Anschein an der nötigen Klarheit in der Fragestellung.

In den vorgenannten Beispielen wird es darauf ankommen, die in den Punkten enthaltenen Einzelfragen herauszuarbeiten, gegebenenfalls nach Rücksprache mit dem zuständigen Richter eine eigene Unterteilung zu machen, ohne den Sinn des Gesamtinhaltes zu verändern.

6.5   Die numerische Abfolge der einzelne Abschnitte

Nirgendwo steht geschrieben wie der Sachverständige ein Gutachten strukturieren soll, damit die Nachvollziehbarkeit entsteht. Wesentlich ist allein, dass die logische Reihenfolge für den Ablauf der Lesbarkeit eines Gutachtens gegeben ist. Mache es der Gutachter dem Leser einfach: Wähle er eine leicht nachvollziehbare Unterteilung der einzelnen Gutachtenabschnitte. Für den schreibenden Sachverständigen entsteht so der Vorteil, dass er

- bei der Gutachtenbearbeitung den richtigen Text an der richtigen Stelle schreibt
- bei einer zeitaufwändigen Bearbeitung besser durch das Gutachten findet
- für eventuelle Zusatzgutachten auf bestehenden Inhaltsteilen besser aufbauen kann
- bei mündlichen Anhörungen besser dem Verfahrensablauf folgen kann.

Die Differenzierung in Oberabschnitte mit Unterabschnitten und deren weitere Aufteilung (1.1.1.0, oder I.1.1.0, oder I.A., aa., bb. usw.) ist sicher möglich, aber für den Leser unpraktisch. Mit einer einfach durchgezählten Abfolge von zu bearbeitenden Punkten zwingt der Sachverständige sich dazu seine Arbeit am Gutachten leicht verständlich zu gliedern. Unterteilungen in diverse Unterpunkte können dazu führen, dass ein Gutachten unübersichtlich wird. Die Gefahr für den schreibenden Sachverständigen sich in Unterpunkten zu verlieren, ist groß. Auch die Mischung von Zahlen – römisch und arabisch – kann verwirren. Ebenso die Mischung von Buchstaben – groß und klein geschrieben – führt nicht zur Verdeutlichung eines Textes. Die Vermischung aller vorgenannten Aufzählungsarten ist den Sachverständigen von juristischen Schriftsätzen her bekannt. Eine eigene Entwirrung nach den genannten Textschwerpunkten ist häufig unerlässlich.

Und noch einen Grund gibt es, ein Gutachten leicht verständlich aufzuteilen: Jeder sollte an sich selbst, an seine eigene Arbeit an einem Gutachten denken. Ein Gutachten ist i.d.R. nicht in einem Arbeitsgang geschrieben. Es erfolgen eventuell Unterbrechungen, die benötigt werden um weitere Informationen zu sammeln, die Arbeit wird unterbrochen, da eine andere Tätigkeit vorrangig ausgeführt werden muss usw. Der Wiedereinstieg in ein umfangreicheres Gutachten kann zu Fehlern führen, wenn die gewählte Unterteilungsart zu kompliziert ausgefallen ist, und der richtige Einstieg bei der Weiterbearbeitung nicht gefunden ist. Im Ergebnis können Gutachten als inhaltlich nicht nachvollziehbar gewertet werden. Absätze sind – ungewollt – durcheinander geraten, der Lesefluss ist gestört. Es ist Aufgabe des Sachverständigen die Gutachteninhaltsteile so darzustellen, dass der Leser im Textfluss versteht, was gemeint ist.

Mit der z.B. numerischen Abfolge 1.01 ist die Möglichkeit gegeben bis 99 Unterpunkte in einem Abschnitt zu erreichen, eine auch bei umfangreichen Gutachten z.B. im Baubereich nie annähernd erreichte Unterteilung. Man zwingt sich keine Unter-Unterabschnitte zu bilden. Das Gutachten bleibt leicht lesbar. Jeder muss ganz für sich allein und für sein Fachgebiet herausfinden, wie eine gewählte Unterteilung als lesbar eingestuft wird. Dazu gehört, dass der Sachverständige sich immer wieder die Gutachtenteile durchsieht, die er bereits geschrieben hat. »Der Sachverständige ist lesbar« sagen die Fachleute und wählen ihn auch aus diesem Grund immer wieder als ihren Gutachter aus.

6.6 Inhalte der einzelnen Gutachtenabschnitte

Im Folgenden werden die Gutachteninhalte in die einzelnen Abschnitte – 1.00 bis 7.00 – so verteilt, dass die gewünschte logische Abfolge zur Lesbarkeit eines Gutachtens entsteht. Dass es sich hier nur um eine grundsätzliche Einordnung handeln kann, die je nach Gutachtenanforderung differenziert werden muss, soll noch einmal betont werden. Jeder Sachverständige wird für seinen Arbeitsbereich, den er schwerpunktmäßig bearbeitet, in kurzer Einarbeitungszeit den richtigen Ablaufrhythmus finden.

6.6.1 Der gerichtliche Aufgabenbereich

Hier entstehen am häufigsten Fehler, da die Gutachten nicht nur von einem Richter sondern auch von zwei Prozessvertretern mit ihren Parteien gelesen werden. Ganz abgesehen davon, können eventuell eine Zahl von Nebenintervenienten vorhanden sein. Falsch wäre es diesen Aufgabenbereich zu umgehen. Nur hier wird der Sachverständige, bedingt durch das kritische Hinterfragen von Ergebnissen durch die beteiligten Juristen, besonders gefordert werden.

6.6.2 Der Versicherungs- und Bankenbereich

Wird nicht jedem Sachverständigen zugänglich. Versicherungen und Banken haben eine bestimmte Anzahl von Sachverständigen, die sie immer wieder beschäftigen, wenn nicht überhaupt Gutachten firmenintern erstellt werden. Die Gutachtenerstellung folgt Vorgaben, die von den Unternehmen aufgestellt sind, und nach denen sich der Sachverständige richtet. Im Einzelfall werden Sachverständige ohne Unternehmensbindung gewählt. Deren eventuell schulmäßig aufgestellten Gutachten werden i. d. R. ohne Beanstandungen verwertet.

6.6.3 Die Privataufträge

Wenn auch häufig nur ein Auftraggeber vorhanden ist, so sollte niemand dem Irrtum erliegen, dass ein privater Auftraggeber nicht ebenso wie ein Jurist ein Gutachten auf seinen Inhalt hinterfragt. Versteht er nicht, was der Gutachter meint, drohen finanzielle Einbußen. Es ist ein Fehler anzunehmen, das im privaten Auftrag erarbeitete Gutachten sei leichter erstellt als ein Gerichtsgutachten. Häufig bleibt dem Sachverständigen unbekannt, in wie viele weitere Hände sein Gutachten über seinen Auftraggeber gelangt. Auf die so genannte »Dritthaftung für fehlerhafte Gutachten« sei nur mit einem interessanten Urteil hingewiesen.

1. *»Bei der Prüfung der Frage, ob Dritte in den Schutzbereich eines Vertrages, der die Wertermittlung eines Grundstücks zum Gegenstand hat, einbezogen sind, gehören zum wesentlichen Auslegungsstoff die in dem Gutachten enthaltenen Angaben über dessen Zweck und der sonstige Inhalt des Gutachtens, aber auch die eigenen Angaben des Gutachters zu Inhalt und Umstände der Auftragserteilung.*

2. *»Als Dritte, die in den Schutzbereich eines Gutachtenauftrages zur Wertermittlung eines Grundstücks einbezogen sind, kommt auch eine namentlich nicht genannte Vielzahl privater Kreditgeber oder Kapitalanleger in Betracht, wenn der Gutachter nach dem Inhalt des ihm erteilten Gutachtenauftrages wusste oder damit rechnen musste, dass der Auftraggeber das Gutachten zur Erlangung von durch ein Grundpfandrecht an dem Grundstück gesicherten, in der Höhe begrenzten Krediten verwendet werde«* (Urteil BGH 20.04.04, X ZR 250/02).

6.7 Auftrag und Zweck des Gutachtens

Nach Eingang eines Gerichtsauftrages wird der Sachverständige das Anschreiben, und die beigefügten Merkblätter und den Akteninhalt genau durchlesen, da hier die für sein Gutachten relevanten Angaben enthalten sind. In ein Gutachten müssen die nachgenannten Inhaltspunkte übernommen werden. Ein Grundsatzmuster für ein Gerichtsgutachten mit dem Langtext der formalen Inhaltsteile für die einzelnen Gutachtenabschnitte ist in Kap. 7.1 aufgeführt. Alle fachlichen Inhaltsteile muss jeder Sachverständige selbstständig in ein Gutachten einbringen.

- Der Bezug auf das Datum der eingegangenen Akte: Eine Gerichtsakte wird i. d. R. dem Sachverständigen zugestellt, ohne dass er vorher gefragt wird. Die Bestellungskörperschaften geben nach einer öffentlichen Bestellung Gerichten und Anwaltskammern bekannt, dass ein neuer Sachverständiger auf einem bestimmten Fachgebiet vereidigt worden sei. Es werden aber auch von Gerichten Akten an Bestellungskörperschaften weitergegeben, damit diese einen in der Sache geeigneten Sachverständigen benennen.
- Welches Gericht hat den Auftrag erteilt: Der Auftragsinhalt muss mit dem Bestellungsgebiet des Sachverständigen abgeglichen werden. Ein ö. b. u. v. SV darf nur Aufträge annehmen, die innerhalb seines Bestellungsgebiets liegen. Er kann nicht darauf vertrauen, dass Gerichte die genauen Inhalte und gegebenenfalls Abgrenzungen zu anderen Fachgebieten kennen. Immer wieder kommt es vor, dass in Punkten von Beweisbeschlüssen Fachbereiche enthalten sind, die der Sachverständige nicht bearbeiten kann, da er auf dem Gebiet nicht bestellt ist.

Beispiel: In einem Beweisbeschluss, der aus verschiedenen Punkten bestand, waren Fragen zu Mängeln enthalten, die bei dem Einbau von Holzfenstern entstanden waren. Ein Punkt beinhaltete die Frage, ob der verwendete Einbauschaum zu gesundheitlichen Beeinträchtigungen der Klägerin geführt haben könnte. Diese Frage war an einen Sachverständigen für »Schäden an Gebäuden« gestellt worden. Der Sachverständige musste in diesem Fall mit dem zuständigen Richter Kontakt aufnehmen, um den Punkt aus dem Gutachtenauftrag herauszulösen. Er durfte nicht eigenmächtig diesen Punkt ohne Bearbeitung weglassen. In das Gutachten gehörten Datum und Uhrzeit des Gespräches mit dem Richter hinein mit dem Hinweis, dass dieser Punkt aus den genannten Gründen (keine Zuständigkeit) unbearbeitet bleibt.

- Die Geschäftsnummer, wesentlich für die gesamte in dem beauftragten Fall geführte Korrespondenz.
- Das Auftragsdatum – dieses muss abgeglichen werden mit dem Eingangsdatum. Es können manchmal erhebliche Zeitdifferenzen entstehen zwischen Aufstellung eines Beweisbeschlusses und Versendung der Akte. Da in zunehmenden Maß die Frage nach der zeitlichen Abwicklung des Auftrages in dem Anschreiben zu einer Akte enthalten ist, haben eventuelle Zeitdifferenzen Bedeutung.

Beispiel: Ein Richter fragte in einem bestimmten Fall bei einem Sachverständigen an, ob er bereits eine Ortsbesichtigung durchgeführt habe. Ihm lag die

Akte überhaupt noch nicht vor. Es waren bereits sechs Wochen seit dem vom Gericht vorgesehenen Ausgang der Akte an den Sachverständigen verstrichen. Der Eingang der Akte konnte von dem Sachverständigen nicht bestätigt werden. Der in dem Fall zuständige Richter war der Meinung, dass der Sachverständige bereits seit Wochen an dem Auftrag arbeitet. In diesem Fall musste in dem Gutachten neben der Datumsangabe des Gerichts das Eingangsdatum bei dem Sachverständigen genannt werden.

In dem Anschreiben werden die in den Fall involvierten Parteien genannt. Die Namen müssen mit den Anschriften übernommen werden, wobei immer der Namen der klagenden Partei zuerst genannt wird. Zuvor muss der Sachverständige prüfen, ob er befangen ist, d. h. er fühlt sich den genannten Parteien zugehörig oder in anderer Form verbunden.

Beispiele:

- Familienbande – auch in weiterer Form oder ob der Sachverständige eingebunden in Organisationen, gleich welcher Art, ist. Das kann zum Verdacht führen, dass enge Verbindungen zu den Parteien bestehen.
- Der Sachverständige ist geschäftlich mit einer der Parteien verbunden. Ein Bausachverständiger muss z. B. Rechnungen kontrollieren von einem Unternehmen, mit dem er gerade als Architekt ein Gebäude errichtet und dessen Geschäftsführer zu einer der Parteien gehört.
- Ein Sachverständiger sitzt mit einem klagenden Kollegen in einem Berufsausschuss oder in dem Vorstand einer Vereinigung zusammen.
- Ein Mitarbeiter des beauftragten Sachverständigen hat zu einer der Parteien eine geschäftliche Beziehung (OLG Celle, 08.03.07, Az. 6W1/7)

Nicht befangen wird ein Sachverständiger sein, wenn er den Geschäftsführer eines Unternehmens von früheren Baumaßnahmen kennt, aber im Augenblick keine geschäftlichen Verbindungen bestehen.

Bestehen keine irgendwie gearteten Verbindungen, werden die in einer Akte genannten Namen in das Gutachten übernommen. Es lohnt sich ein kurzer Abgleich der Namen mit den in dem Beweisbeschluss genannten Namen der Parteien.

Der Beweisbeschluss befindet sich i. d. R. am Schluss der Akte. Es können Namensänderungen erfolgt sein, z. B. bei bevollmächtigten Geschäftsführern eines Unternehmens. Sind Nebenintervenienten hinzu gekommen, so müssen auch diese in dem Gutachten genannt werden.

- Die Namen der Prozessvertreter mit ihren Anschriften sind zu nennen. Der Name wird immer der Prozesspartei zugeordnet. Ein RA. ist ein Rechtsanwalt, RAe. sind Rechtsanwälte in einer Anwaltsgemeinschaft, RAin. ist eine Rechtsanwältin.

- Der Inhalt des Beweisbeschlusses ist vollständig und in der genannten Reihenfolge der Punkte zu übernehmen. Es ist dem Sachverständigen nicht gestattet Veränderungen, Abkürzungen oder Auslassungen vorzunehmen. Es empfiehlt sich, wenn der Beweisbeschluss abgeschrieben wird, genau der numerischen Reihenfolge der Punkte zu folgen. Die Bearbeitung hat später genau unter den genannten Punkten zu erfolgen. Hauptabschnitte mit Unterabschnitten und deren Bezeichnung sind zu nennen. Es besteht auch die Möglichkeit, dass nur ganz bestimmte Punkte bearbeitet werden sollen, während andere Punkte, die zwar genannt sind, aber für die Bearbeitung nicht relevant sind, bei der Bearbeitung ausgelassen werden müssen. Hier gilt es den Beweisbeschluss als Auftragsinhalt unter Berücksichtigung des Anschreibens zu dem Gutachtenauftrag genau durchzusehen.

Kein Fall ohne Ausnahme: Weist das Gericht den Sachverständigen ausdrücklich an, auf eine Wiederholung des Beweisbeschlusses in seinem Gutachten zu verzichten, so muss der Sachverständige dieser Anweisung folgen.

Zweckmäßig ist es in einem derartigen Fall, in dem Gutachten darauf hinzuweisen, dass die Übernahme der Beweisthemen auf Anordnung des Gerichts nicht erfolgen sollte. Der Hinweis auf die Fundstelle des Beweisbeschlusses in der Gerichtsakte ist hilfreich für den Leser.

Welcher Sachverständige hat Schreiben an der Schreibmaschine oder dem PC gelernt? Es können beim Abschreiben von Beweisbeschlüssen Fehler entstehen, die eventuell zur Verfälschung von Satzzusammenhängen führen, oder überhaupt bei Auslassung von Halbsätzen zur fehlerhaften Bearbeitung führen können.

Beweisbeschlüsse sollten aus der Gerichtsakte kopiert werden mit dem Hinweis auf den Gutachtenpunkt 1.00 in dem dann geschrieben wird: Der vollständige Beweisbeschluss wurde kopiert und dem Gutachten unter – z.B. Punkt 7.00 – beigefügt.

Ein Hinweis muss erfolgen, wenn der Sachverständige nicht allein an dem Gutachten gearbeitet hat. Er kann Untergutachter, Institute, Hilfskräfte zur Vorbereitung von Arbeiten an Ort und Stelle beschäftigt haben und sagen wofür jeder zuständig war.

Die Anzahl der erstellten Gutachten ist zu nennen. Bei der zu nennenden Zahl ist davon auszugehen, dass es sich um absolut gleichartige Exemplare handelt. Jedes Exemplar ist unterschrieben und mit einer laufenden Nummer zu versehen. Alle Fotos sind in den Exemplaren in gleicher Qualität vorhanden. Die von dem Gericht geforderte Anzahl der Gutachten steht in dem Anschreiben zur überlassenen Akte. Der Sachverständige sollte an dieser Stelle darauf hinweisen, dass er ein zusätzliches, komplettes Archivstück (Handaktenstück) erstellt hat. Das kann für die Abrechnung wichtig sein, wenn auch darauf hingewiesen werden muss, dass längst nicht alle Gerichte ein Handaktenstück vergüten. Auf die Ausführungen unter Kap. 5.21 sei hier hingewiesen unter Hinweis auf unterschiedlich ausgefallene Urteile (Urteil OLG München 28.11.05, Az. 2 Ws 1194/05). Dort wird entschieden, dass die Kosten für ein Handaktenexemplar nicht vergütungsfähig sind. Urteile zur Vergütungsfähigkeit: OLG Stuttgart 12.09.05, Az. WS 211/05; LG Hannover 18.05.05, Az. 1 O 3/03, LG Itzehoe 24.01.06, Az. 3 O 554/03.

Im Jahr 2007 scheint der Streit der Vergütungsfähigkeit beendet worden zu sein, denn der § 7 Abs. 2 des JVEG wurde geändert. Es wurde in Absatz 2, Satz 3 das Wort »nur« eingefügt. *»Für die Anfertigung von Ablichtungen werden 0,50 € pro Seite für die ersten 50 Seiten und 0,15 € für jede weitere Seite, für die Anfertigung von Farbkopien 2 € je Seite ersetzt. Die Höhe der Pauschale ist in derselben Angelegenheit einheitlich zu berechnen. Die Pauschale wird **nur** für Ablichtungen aus Behörden- und Gerichtsakten gewährt.«*

Ohne Kommentar bleibt in dem JVEG, ob in Papierform oder eventuell auf einem Datenträger, dokumentiert werden soll. Sicher ist nur, dass für den Fall z.B. einer mündlichen Anhörung, der Sachverständige ein Papierexemplar haben sollte, in dem er arbeiten kann.

Vor einer Anhörung kann sich der Sachverständige mit einem Fristverlauf die Akte zusenden lassen. Er hat dann den aktuellen Stand über den Zeitpunkt der Abgabe seines Gutachtens hinaus, mit eventuell wichtigen Detailangaben zu seinem Gutachten, die ihm noch nicht bekannt sind.

Fotos als Ergänzung zu textlichen Inhalten: Zu dem Text eines Gutachtens gehören - wenn erforderlich - auch eine bestimmte Zahl von Fotos, z.T. werden diese direkt in den Textfluss positioniert. Besonders bei einer größeren Anzahl von Fotos, werden diese unter Pkt. 7.00 dem Gutachten beigefügt. Gibt es in dem Gutachten keinen Hinweis über eine Aufbewahrungszeit müssen Fotos wie der Text zehn Jahre gespeichert werden. Auf die Gefahr, dass Daten über einen längeren Zeitraum verloren gehen wurde bereits unter Kap. 5.20 hingewiesen. Unabhängig von rechtlichen Vorgaben sollte der Sachverständige vorsorglich einen Hinweis in dem Gutachten geben, dass Fotos über einen zu nennenden Zeitraum, z. B. drei Jahre, als Negative oder Chip aufbewahrt werden. Die Praxis ergibt, dass Negative, Chips oder Speicherungen auf einer CD-ROM länger als drei Jahre aufbewahrt werden.

Beispiel: Die Fotoabzüge werden als ... (Speicherart nennen) max. drei Jahre aufbewahrt und stehen in diesem Zeitraum dem Auftraggeber auf Abruf zur Verfügung. Die Einschränkung der Aufbewahrungszeit gegenüber dem Gutachten (zehn Jahre) ist rechtlich nicht gesichert.

Hat der Sachverständige an Ort und Stelle ein Diktiergerät genutzt und die Beteiligten konnten zumindest zeitweise mithören, was der Sachverständige diktiert hat, so muss es ein Tondokument geben, welches archiviert werden muss.

In dem Gutachten ist darauf hinzuweisen, dass es ein solches Tondokument in archivierter Form gibt. Die Dokumentation ist ebenso wie die Nennung im Gutachten wichtig für den Sachverständigen. Er kann gegebenenfalls unterschiedliche Interpretationen über Begehungsabläufe, aber auch Inhalte jederzeit in Schriftform nachweisen. Nach dem Tondokument wird er sein Gutachten aufbauen, wobei durchaus auch Textpassagen unbearbeitet bleiben können, wenn letztendlich der Inhalt für den Gutachtenaufbau nicht mehr relevant ist.

Beispiel: In dem Tondokument wurde darauf hingewiesen, dass eine Begehung 15 Minuten nach dem Einladungstermin begonnen wurde und vorher das fragliche Grundstück durch den Sachverständigen weder betreten wurde noch Untersuchungen eingeleitet wurden. Tatsächlich hat in dem Gutachten von der 15-Minuten-Frist nichts gestanden. Von interessierter Parteienseite wurde gerügt, der Sachverständige wäre ohne Zustimmung der Anwesenden vor Beginn der eigentlichen Begehung bereits auf dem fraglichen Grundstück gewesen und hätte Untersuchungen eingeleitet oder durchgeführt. Ein Befangenheitsantrag wurde gestellt. Das schriftlich niedergelegte Tondokument konnte dazu beitragen, dass der Fehler in dem Gutachten, die Nichtnennung des verzögerten Terminbeginns, ausgeräumt werden konnte. Wenn bei einer örtlichen Begehung ein Tonträger verwendet wurde, dann sollte ein Hinweis in dem Gutachten enthalten sein, dass der Inhalt des bei der Ortsbegehung verwendeten Tonträgers abgespeichert und archiviert wurde. Besser ist es, nicht zu diktieren sondern nur zu schreiben.

Besonderheiten im privaten Auftrag: In einem privaten Auftrag gibt es i. d. R. keinen vorformulierten Auftragsinhalt. Ein Telefonanruf stellt i. d. R. den ersten Kontakt zu einem Auftraggeber her.

In diesem Fall ist es Sache des Sachverständigen alle Einzelheiten bei dem Auftraggeber abzufragen, die in das Gutachten hinein gehören. Es ist zweckmäßig ein Auftragsformular zu entwickeln, aus dem alle für das Gutachten wichtigen Hinweise in das Gutachten übertragen werden können. Der Sachverständige muss davon ausgehen, dass sein Auftraggeber überhaupt nicht beurteilen kann, welche Arbeitsschritte ausgeführt werden müssen, damit das Gutachten zu dem genannten Zweck ausreicht.

- Wer ist der Auftraggeber? (mit Anschrift und Kontaktdaten).
- Um welches Objekt handelt es sich?
- Zu welchem Zweck soll das Gutachten erstellt werden (wichtig für eine evtl. Dritthaftung, wie genannt)?
- Wo ist das zu begutachtende Objekt zu finden?
- Wann soll die Begehung erfolgen? (Datum, Uhrzeit)?
- Was soll gemacht werden?
- Fotodokumentation eines Schadens?
- Schadensfeststellung?
- Beweissicherung über einen bestimmten Zustand einer Sache?
- Sanierungsvorschlag?
- Kostenermittlung für die Schadensbeseitigung?
- Probenentnahmen?
- usw.

In Kapitel 7.2.7 werden Inhalte für ein privates Auftragsschreiben gezeigt, die vom Sachverständigen beim Auftraggeber abgefragt werden müssen. Immer wieder kommt es im privaten Auftrag vor, dass der Auftraggeber Fotos zur Verfügung stellt und meint, der Sachverständige braucht keine eigenen Fotos mehr herzustellen. Das ist falsch. Die Fotos des Auftraggebers können eventuell zur Schadensdokumentation herangezogen werden. Grundsätzlich macht der Sachverständig seine eigenen Fotos von dem Zustand einer Sache, wie er ihn gesehen hat.

Es ist Aufgabe des Sachverständigen zu jedem anstehenden Gutachtenauftrag an Hand des Auftragsinhalts herauszufiltern, welche Aufgaben von ihm verlangt werden. Es gibt keine »Aufgabenschablone«. Nur er allein kann beurteilen, ob die Fragen, die zur Beantwortung an ihn gerichtet sind, so umfassend sind, dass er diese in einem schlüssigen Gutachten beantworten kann. Ein Fehler wäre es, wenn er über den ihm aufgegebenen Fragenkatalog hinaus, sich ausschweifend mit angrenzenden Aufgabenfeldern befassen würde, die bei strenger Auslegung des Auftragsinhalts nicht hätten beantwortet werden müssen.

Beispiel: Ein Auftraggeber kann mit seinem PKW nicht in eine im Keller befindliche Garage von der Straße aus fahren, da der PKW auf der Rampe Bodenberührung bekommt. Ein Sachverständiger soll feststellen, ob dem so ist. Der Sachverständige fotografiert den offensichtlichen Fehler an der Rampenneigung mit dem PKW. Der Auftraggeber kann mit dem Gutachten, welches auf den Fotos basiert, nichts anfangen, da der Bauunternehmer in der Schadensfeststellung keine Aufforderung zu einer Schadensbeseitigung sieht.

Ein zweites Gutachten wird erstellt, in dem der Sachverständige ausführt, warum der PKW nicht in die Garage fahren kann. Auch dieses Gutachten führt nicht zu dem gewünschten Erfolg für den Auftraggeber.

Jetzt wird ein Rechtsanwalt eingeschaltet, der darauf hinweist, dass der Sachverständige neben der Beantwortung der zwei Fragen nach der Zustandsfeststellung weitere Fragen beantworten soll: Wie der Schaden an der Rampe beseitigt werden kann und welche Kosten entstehen werden. Ein geübter Sachverständiger hätte den Auftraggeber von vorn herein davon überzeugt, dass er in diesem Fall nicht nur dokumentieren muss, sondern dass er die Schadensursache, deren Beseitigung und den Kostenumfang feststellen muss. Erst dann konnte das Unternehmen mit Fristsetzung dazu gebracht werden, den Schaden zu beseitigen.

Natürlich kann ein Sachverständiger nicht eigenmächtig den Umfang des Gutacheninhalts festlegen. Er muss bedingt durch sein Fachwissen bei seinem Auftraggeber darauf hinwirken, dass dieser begreift, warum seine Sicht von der Auftragsabwicklung zu einfach gedacht ist.

Weiter gehört in das Gutachten die Anzahl der zu erstellenden Gutachten, i. d. R. drei Exemplare, hinein.

Der private Auftraggeber versucht Kosten so gering wie möglich zu halten, er wird üblicherweise nur um ein Gutachtenexemplar bitten. Folgt der Sachverständige diesem Wunsch, so muss er damit rechnen, dass sein Gutachten umgehend mehrfach kopiert wird. Ein privater Auftraggeber wird in den meisten Fällen den Sachverständigen im Unklaren darüber lassen, was er wirklich mit dem angeforderten Gutachten bezwecken will. So hält er die Gutachtenanzahl klein. Häufig steht im Hintergrund schon ein Jurist, der das Gutachten prüft und gegebenenfalls Veranlassungen trifft, für die das Gutachten aus seiner Sicht geeignet erscheint.

Beispiel: Ein Sachverständiger sollte Schimmelpilze in dem Wohnraum einer Mieterin dokumentieren. Der Auftraggeberin genügten nach Befragung und schriftlicher Festlegung in einem Auftrag, die anzufertigenden Bilder zum Beweis, dass diese Pilze vorhanden waren. Sie wollte diese nur vor den Malerarbeiten dokumentiert haben. Eine Ursachenerforschung sollte nicht erfolgen. Unmittelbar im Anschluss der Fotodokumentation wurden in dem Raum Malerarbeiten durchgeführt. Nach einem längeren Zeitraum erhält der Sachverständige von einem Rechtsanwalt die Aufforderung, das Honorar zurück zu zahlen, da seine Mandantin mit dem Gutachten einen Prozess gegen den Gebäudeeigentümer verloren hätte. Die Ursachen für die Pilzbildung seien nicht genannt worden. Nur durch den Nachweis der schriftlichen Festlegung der Aufgabenstellung war es dem Sachverständigen möglich die Forderung abzuwehren.

Es muss ohne Ausnahme der Zweck genannt werden, für den ein Gutachten erstellt wird, wie der vorgenannte Fall beispielhaft beweist.

- Zu welchem Zweck wird das Gutachten erstattet? Hintergrund ist die so genannte »Dritthaftung für fehlerhafte Gutachten« – z.B. bei einer Grundstücksbewertung.
- Ist die Örtlichkeit eines Schadensbereichs ohne weiteres betretbar?
- Schafft der Auftraggeber die Zugänglichkeit?

Beispiel: Die Fertigstellungsabnahme einer großen Zahl von Wohnungen sollte durch einen Sachverständigen durchgeführt werden. Die Zugängigkeit der Wohnungen wurde von dem Gebäudeeigentümer für einen bestimmten Tag zugesichert. Nach Anreise des Sachverständigen stellte dieser fest, dass der Termin direkt vor einem Ferienbeginn in dem betreffenden Bundesland angesetzt worden war. Eine größere Anzahl von Wohnungen konnte nicht begangen werden. Es erhob sich die Frage, ob der Sachverständige nicht im Vorfeld des Auftrages hätte feststellen müssen, ob Feiertage, Ferientage usw. dem mit dem Auftraggeber vereinbaren Termin entgegenstanden. Musste der Auftraggeber wissen, dass ein Tag vor Ferienbeginn mit größter Wahrscheinlichkeit nicht alle Wohnungen begangen werden konnten? Oder war es Sache des Sachverständigen seinen Auftraggeber darauf hinzuweisen, dass es in seinem Bundesland unmittelbar nach dem vereinbarten Termin Ferien gibt und es aus seiner Erfahrung unzweckmäßig ist, unmittelbar vor Ferienbeginn eine Begehung vieler Wohnungen durchzuführen? Zu der besonderen Sachkunde eines Sachverständigen gehört auch, dass er Termine vereinbart, die auf das Objekt bezogen realistisch sind.

Nicht unmittelbar mit dem Gutacheninhalt entsteht ein Zusammenhang zu den nachgenannten Punkten, die in ein zu entwickelndes Auftragsformular gehören. Jedoch kann der Umfang der Tätigkeit davon abhängen, wie umfangreich alle erforderlichen Untersuchungen durchgeführt werden sollen. Hier ist es Aufgabe des Sachverständigen seinen Auftraggeber vor Beginn seiner Arbeiten auf eventuell hohe Kosten für die erforderlichen Untersuchungen hinzuweisen.

- Zu welchem Stundensatz rechnet der Sachverständige mit seinen Hilfskräften ab (zzgl. 19 % Nennung der Mehrwertsteuer)?
- Welche Kosten entstehen als Fahrtkosten?
- Wie hoch sind die Kostenansätze für Lichtbilder, Kopien, Lichtpausen, Dateien auf CD-ROM, sonstige Verkehrskosten?
- Nicht selten müssen bei Behörden Unterlagen eingesehen werden, oder diese angefordert werden, auch diese Kosten sind zu benennen.

6.8 Unterlagen zum Gutachten

6.8.1 Unterlagen zum Gutachten im Gerichtsauftrag

Zu einem gerichtlichen Gutachtenauftrag gehört die Akte und in den meisten Fällen weitere Unterlagen, die mit der Akte dem Sachverständigen ausgehändigt werden. Die Akte wird im Original dem Sachverständigen ausgehändigt, Anlagen häufig als Kopien aber auch in Originalform. Für das Verständnis eines Gutachtens ist es notwendig, dass in dem Gutachten genau genannt wird, welche Unterlagen zur Verfügung gestanden haben. Aus diesem Grund muss der Sachverständige in einem gesonderten Punkt des Gutachtens auflisten, was er erhalten hat, in welcher Qualität (Kopien oder Original) und von wem.

- Die Gerichtakte mit einem evtl. Anlagenkonvolut. Die Akte erhält der Sachverständige nur zur Einsicht. Die gesicherte Aufbewahrung sollte eine selbstverständliche Pflicht sein. Es ist dem Sachverständigen nicht gestattet, Notizen in ihm überlassene Unterlagen zu schreiben. In der Praxis haben sich Klebezettel bewährt, die mit Abschluss der Arbeiten an einem Gutachten entfernt werden können.
- Die Seitenzahlen sind zu nennen und zu kontrollieren. Fehlende oder zusätzlich vorhandene Seiten sind zu benennen. In der Innenseite einer Gerichtsakte können lose Blätter vorhanden sein, die nicht nummeriert sind. Handelt es sich um einen Schriftsatz eines Prozessvertreters, der weder aufgezählt noch inhaltlich bearbeitet wird, kann schon ein Gutachtenfehler

entstehen. Auf fehlende Seiten sollte hingewiesen werden. Möglicherweise war genau auf diesen Seiten ein wichtiger Hinweis in dem Fall vermerkt, der nun mangels Kenntnis in dem Gutachten nicht berücksichtigt wird. Ein Fehler, zumal wenn der Sachverständige nicht nachweisen kann, dass er eine bestimmte Seite nicht einsehen konnte.

- Weitere Unterlagen oder auch Gegenstände sind aufzulisten. Es ist möglich jedes Schriftstück, jede Zeichnung, jedes Foto jedes sonstige Dokument nach seinem Inhalt genau zu benennen. Es muss nicht sein, dass dem Sachverständigen ausschließlich Papier zugestellt wird. Wandfliesen, Mustersteine oder Marmorstücke können Gegenstand von anzustellenden Untersuchungen im Bausachverständigenbereich sein.

Beispiel: In einem Honorarstreit hat ein Architekt in einer umfangreichen Zahl von Ordnern alle Bauzeichnungen, Leistungsverzeichnisse und Stundennachweise genau geordnet. In jeden Ordner hat er ein Register eingefügt, aus dem hervorging, was in jedem Ordner enthalten war. Der Sachverständige musste jeden Ordner an Hand des jeweiligen Registers durchsehen, ob auch alle genannten Unterlagen vorhanden waren. Eine umfangreiche Tätigkeit, die aber zur Nachvollziehbarkeit seines Gutacheninhalts erforderlich war. Er muss dokumentieren, dass er alle Unterlagen erhalten hat, also muss er eine vollständige Durchsicht vornehmen.

Beispiel: Ein Sachverständiger wird zu einer Anhörung geladen. Er wird darüber befragt, ob er ein ihm bei der Anhörung vorgelegtes Schriftstück bei der Gutachtenbearbeitung gehabt hat.

Mit der Durchsicht seiner Auflistung in dem betreffenden Gutachten konnte er nachweisen, dass er das ihm gezeigte Schriftstück nicht bei der Gutachtenbearbeitung gehabt hatte. Auf die Frage, ob er zu einem anderen Ergebnis in seinem Gutachten gekommen wäre, wenn er das Schriftstück gehabt hätte, hatte der Sachverständige keine direkten Angaben bei der Anhörung gemacht. Er wollte die Akte mit dem für ihn inhaltlich neuen Schriftstück zur Prüfung zugestellt haben. Über ein Ergänzungsgutachten wollte er eine eindeutige Stellungnahme abgeben. Entsprechend seinem Antrag hat das Gericht verfahren.

Werden dem Sachverständigen während der Gutachtenbearbeitung weitere Unterlagen, auch Akten vom Gericht, zugestellt, so sind auch diese aufzulisten. Das Datum der Zustellung ist mit zu vermerken und der Absender muss genannt werden.

Alle in einem Verfahren Beteiligte müssen jederzeit ein gleichgewichtiges Sachstandswissen haben. Jeder muss wissen, welche Unterlagen der Sachverständige zur Gutachtenbearbeitung besessen hat.

Häufig erhält der Sachverständige bei einer örtlichen Begehung noch weitere Unterlagen. Er muss prüfen, ob er diese benötigt. Nur mit Zustimmung aller Beteiligten bei einer Begehung kann er die ihm angebotenen Unterlagen entgegen nehmen. Auf diesen Umstand ist in dem Gutachten hinzuweisen. Der Passus hierzu kann lauten: »Mit Zustimmung aller bei der Ortsbegehung Anwesenden wurden mir die nachgenannten Unterlagen überlassen«.

Hat er selbst noch Unterlagen angefordert, vom Gericht oder von einer Partei über deren Prozessvertreter, so sind auch diese Unterlagen aufzulisten mit dem Hinweis, woher er die Unterlagen bekommen hat.

»Es ist Sache des Sachverständigen die Vollzähligkeit von Unterlagen auf Grund seiner Sachkunde zu überprüfen, nicht aber Inhalte wie Maßketten, Betongüten o. ä. Er hat also nicht zu vertreten, wenn ihm falsche Inhalte in Unterlagen wissentlich oder unwissentlich übergeben werden. Unter der Materialprüfung ist also nicht die Inhaltsprüfung zu verstehen. Eine Ausnahme besteht darin, wenn der Sachverständige auf Grund seiner besonderen Sachkunde erkennen muss, dass ihm offensichtlich Unterlagen mit falschen Inhalten geliefert wurden.« (Bayerlein, W.; Roeßner, W.: Praxishandbuch Sachverständigenrecht. 4. Auflage. München: C.H. Beck Verlag 1996, § 46, Rdn. 56.)

Beispiel: Für ein zu begutachtendes Objekt erhält der Sachverständige einen Satz Pläne mit einer Tiefgarage im Keller. Da er das Gebäude als fertig gestelltes Objekt kennt, fällt ihm sofort auf, dass die Tiefgarage überhaupt nicht gebaut wurde. Auf seine Anforderung hin erhält er neue Unterlagen mit dem Hinweis »es sei ein Versehen passiert«. So konnte vor der offiziellen Begehung ein Missverständnis ausgeräumt werden.

Erhält der Sachverständige weitere Unterlagen unmittelbar bevor er die Gutachtenerstellung abgeschlossen hat, muss er darauf hinweisen, dass die Bearbeitung der ihm mit Datum vom ... zugestellten Unterlagen nicht mehr in die Gutachtenbearbeitung übernommen wurde. Er wird um die Ergänzung des Gutachtens mit den nachgelieferten Unterlagen als neuen Auftrag bitten.

Würde der Sachverständige nicht entsprechend verfahren, könnte er beliebig in der Erstattung des Gutachtens behindert werden. Gegebenenfalls bewusst nachgeschobene Unterlagen würden ihn jedes Mal zur erneuten Überarbeitung, vielleicht sogar zu neuen Ortsbegehungen, veranlassen. Den Gutachter eventuell zeitlich zu behindern kann zur Strategie einer Partei gehören. Bestimmte Zeitabläufe, die der Sachverständige nicht übersieht, die aber in einem Verfahren von großem Interesse sein können, führen zu eventuell ganz anderen juristischen Interessenlagen in einem Verfahren.

In diesem Gutachtenteil kann darauf hingewiesen werden, dass er nach der Gutachtenfertigstellung alle ihm überlassenen Unterlagen an die Absender vollständig zurückgegeben hat. Bei besonders vertraulichen Unterlagen sollte ein Hinweis eingeführt werden, dass er außer den dem Gutachten beigefügten Unterlagen, keine Kopien für sein eigenes Archiv zurückbehalten hat (Kaufverträge, Zertifikate, Bewertungsunterlagen usw.). Von der Gerichtsakte brauchen keine Kopien gefertigt zu werden, da im Falle einer weiteren Bearbeitung der Sachverständige jederzeit die Akte erneut anfordern kann. Davon abgesehen würden dem Sachverständigen Kosten für die Kopien nicht erstattet werden (siehe auch Kap. 3. Abs. 3.3, Unzureichende Aktenauswertung).

Gehören zeichnerische Unterlagen zu dem Bearbeitungsbereich, z. B. bei Bauprozessen im Hoch- und Tiefbau, auch bei prozessualen Auseinandersetzungen in anderen Fachbereichen, in denen zeichnerische Darstellungen verwendet werden, sind diese dem Gutachten hinzuzufügen. Die Entscheidung über die Anzahl der Unterlagen trifft der Sachverständige alleine. Er muss entscheiden, was der Auftraggeber zum Verständnis benötigt. Da es i. d. R. schlecht möglich ist, die Originalunterlagen in ihrer Größe dem Gutachten beizufügen, werden verkleinerte Kopien gefertigt. Diese Kopien müssen dennoch so groß sein, dass alle aus einer Zeichnung geschöpften Werte, z. B. Maße, noch erkennbar sind, da flächenmäßige oder räumliche Größen bei Verkleinerungen verloren gehen können. Um Nachfragen von vorn herein auszuschließen, wird der Sachverständige in diesem Punkt darauf hinweisen:»Die beigefügten Kopien wurden unmaßstäblich gefertigt«. So kommt niemand auf den Gedanken, dass der Sachverständige aus den beigefügten Zeichnungen maßstäbliche Ergebnisse eventuell nur herausgemessen hat.

Direkt von Gerichten eingeschaltete Zusatzgutachter, Prüfinstitute oder helfende Unternehmer, die vorbereitende Untersuchungen angestellt haben und einen eigenen Bericht geliefert haben, sind an dieser Stelle mit dem Umfang ihrer gelieferten Berichte zu benennen.

Werden für diese Berichte eigene Akten geführt, so sind diese als Bestandteil des Gutachtens mit dem beauftragten Unternehmen zu nennen. Die vom Sachverständigen verwendeten Unterlagen, gleich welcher Art, stellen einen wesentlichen Teil für die inhaltliche Gutachtenbearbeitung dar.

6.8.2 Unterlagen zum Gutachten im Privatauftrag

Es besteht die Möglichkeit, dass der Sachverständige direkt bei seinem Auftraggeber aus seiner Sicht erforderliche Unterlagen einsieht. Er wird am besten beurteilen können, welche Unterlagen für seine Gutachtenbearbeitung brauchbar sein können. Mitarbeiter eines privaten Auftraggebers können häufig gar nicht entscheiden, was der Sachverständige benötigt. So kommt es dazu, dass dem Sachverständigen umfangreiche nicht erforderliche Unterlagen ausgehändigt werden, die er dann in seinem Gutachten benennen muss. Nur im privaten Bereich kann es vorkommen, dass der Auftraggeber behauptet, Unterlagen nicht zu besitzen, die aus der fachlichen Erfahrung des Sachverständigen heraus dieser besitzen müsste. Er kann dann einen Gutachtenauftrag nicht ausführen. Gibt ein privater Auftraggeber Unterlagen heraus mit dem Hinweis, dass er nicht mehr Unterlagen braucht, um in der Sache zu dem gewünschten Ergebnis zu kommen, da er nur ein »kleines Gutachten« benötigt, so sollte der Sachverständige den Auftrag ablehnen.

Ein Sachverständiger fertigt keine »kleinen Gutachten«, auch nicht im Freundeskreis, an. Wird ein Auftraggeber Unterlagen, die der Sachverständige für die Bearbeitung eines Gutachtens benötigt, nicht herausgeben, so sollte er die Bearbeitung des angetragenen Falls ablehnen.

6.9 Beschreibung des zu begutachtenden Objekts

In diesem Absatz kann ein eifriger Sachverständiger mit einer umfassenden Darstellung des Objekts mit Vermischung aus eigener Inaugenscheinnahme und von Dritten erfahrenen Darstellungen schnell einem versierten Juristen eine offene Flanke liefern.

- Das Objekt, um das es sich im Auftragsfall handelt, muss so beschrieben werden, wie er es persönlich gesehen hat.
- Es kann auch auf Inhalte vorausgegangener Gutachten, wie Privatgutachten oder Gutachten aus vorhergegangenen Instanzen, hingewiesen werden, wenn diese sich in der Gerichtsakte befinden.
- Der Sachverständige muss sich auf das Wesentliche einer Sachschilderung beschränken, ohne die Vollständigkeit der Beschreibung einer Sache außer Acht zu lassen.
- Hilfreich ist hier, einen geschriebenen Text zeitversetzt konzentriert mit dem Blick auf das Objekt nachzulesen. Schnell wird der geübte Sachverständige feststellen, wo er von der Grundsätzlichkeit der Beschreibung

abweicht. Es liegt im Wesen der Darstellung einer Sache, dass der Sachverständige fälschlich oder im Eifer des Schreibens übersieht, was der Auftraggeber wirklich wissen muss. Der Sachverständige muss sich in die Lage des Auftraggebers versetzen: Was muss geschildert werden, was ist unnötig. Unnötiges Beiwerk in einer Beschreibung kann nur dazu führen, dass der Sachverständige Nachfragen geradezu provoziert.

Beispiel: Auf dem Flachdach eines Gebäudes war es durch Baumaßnahmen zu Schäden an dem Dachaufbau gekommen. Das Dach wurde undicht. Nach der Begehung durch einen Sachverständigen schildert dieser:»Das Flachdach über dem 12. Stockwerk wurde durch Baumaßnahmen beschädigt«. Ein genauer Jurist stellte fest, dass das Gebäude nur 11 Stockwerke hatte und knüpfte an dieser Feststellung an, dass der Sachverständige oberflächlich gearbeitet habe.

Es erhebt sich zu Recht die Frage, warum der Sachverständige die Stockwerkszahl überhaupt genannt hat, da diese zu dem entstandenen Schaden in keinem Zusammenhang stand.

Es hätte genügt darauf hinzuweisen, wo das Gebäude steht (z. B. durch die Erwähnung der Hausnummer) und dann den Hinweis zu geben, dass es auf dem Flachdach zu Schäden gekommen ist.

- Es handelt sich um einen Fehler, wenn ein Sachverständiger so tut als hätte er eine Sache gesehen, doch in Wirklichkeit hat er die Sache gar nicht oder nur oberflächlich in Augenschein genommen.
- Es werden in diesem Gutachtenteil noch keine Feststellungen zu einem vorgefundenen Sachverhalt gemacht. Gegebenenfalls gibt es einen Hinweis zu einem der folgenden Gutachtenteile oder zu überlassenen Unterlagen.

Ein Sachverständiger der ein Grundstück, ein Kraftfahrzeug, eine Maschine oder ein anderes Objekt zu begutachten hat, sollte dieses Objekt vorher unbedingt persönlich in Augenschein nehmen. Diese banal klingende Forderung an die Sachverständigen wird deshalb immer wieder erhoben, weil sich Gutachtenfälle häufen, in denen der Sachverständige das begutachtete Objekt entweder überhaupt nicht oder nur teilweise oder oberflächlich besichtigt hat. Dies führt dann logischerweise zu Fehlbegutachtungen, die dann wegen einer groben Pflichtverletzung Schadensersatzansprüche in erheblicher Höhe auslösen können. Die Mehrzahl der bisher bekannt gewordenen Gerichtsentscheidungen zur Haftung von Sachverständigen im außergerichtlichen Bereich beruht auf der Tatsache, dass der betreffende Sachverständige keine Orts- oder Objektbesichtigung durchgeführt hat.

Das OLG Köln hat sich mit der Sache beschäftigt und kam zu folgendem Urteil, das auf einen Sachverhalt zurück geht, bei dem der Sachverständige ein Gebäude nur von außen besichtigt hat.

Leitsatz der Entscheidung: *»Ein im Zwangsversteigerungsverfahren mit der Wertermittlung eines bebauten Grundstücks beauftragter Sachverständiger entledigt sich eines Gutachtenauftrages dann leichtfertig, wenn er in seinem Gutachten den Eindruck erweckt, die für die Beurteilung der Räumlichkeiten maßgeblichen Umstände aufgrund eigener Ortsbesichtigung ermittelt zu haben, obwohl er das Gebäude nur von außen besichtigt hat, weil ihm der Zutritt verwehrt war«* (OLG Köln 05.02.93, Az. 19 U 104/92).

Tritt ein besonderer Umstand ein, ist das in dem Gutachten zu vermerken. Die Pflicht zur persönlichen Orts- und Objektbesichtigung entfällt in folgenden zwei Fällen:

- Das Objekt ist gestohlen oder verbrannt, so dass der Sachverständige anhand von Auskünften des Eigentümers oder anhand von Fotos das Objekt begutachten muss. Ein Hinweis in dem Gutachten ist dann dringend nötig mit Beibringung der Quelle.
- Der Auftraggeber entbindet den Sachverständigen ausdrücklich von der Pflicht zur Objekt- und Ortsbesichtigung. Auch hier muss der Sachverständige in seinem Gutachten ausdrücklich darauf hinweisen, dass das Gutachten nur nach den überlassenen Unterlagen erstellt wurde.

Beispiel: In einem Dorf ist ein mit Stroh gedecktes Wohnhaus komplett bis auf die Grundmauern abgebrannt. Die Feuerwehr hat aus Sicherheitsgründen alle stehen gebliebenen Mauern umgelegt. Der eingeschaltete Sachverständige kam von weit her angereist, kannte also das Gebäude nicht. Der Eigentümer hatte keine Fotos, er konnte nur schildern, wie das Gebäude in etwa ausgesehen hatte. In der Gaststätte des Orts hing ein Bild, auf dem weitgehend das abgebrannte Gebäude im Bildhintergrund gemalt dargestellt war. Wegen des hohen Alters des Gebäudes gab es auch keine behördlichen Auskünfte. Bei der Feuerversicherung gab es nur textliche Angaben zu dem Gebäude. Durch den Sachverständigen wurde am Computer mit Hilfe der verbliebenen Grundmauern und den Angaben des Eigentümers sowie der Nachbarn das Gebäude rekonstruiert. Alle Beteiligten hatten sich mit Namen und Unterschrift unter einem Protokoll dazu bekannt, dass das Gebäude wie nachgezeichnet ausgesehen hatte. Dieser Bericht ist in das Gutachten eingebracht worden, die Rekonstruktionszeichnung wurde den Gutachtenunterlagen beigefügt. Nach dieser Zeichnung wurde die Schadensbewertung vorgenommen.

Beispiel: Ein Sachverständiger erklärte in seinem Gutachten »er hätte das zur Begutachtung anstehende Gebäude von außen und von innen insgesamt besichtigt«. Der neue Eigentümer stellte fest, dass der Zugang zum Spitzboden so verschlossen war, dass niemand auf dem Dachboden gewesen sein konnte. Ein weiterer eingeschalteter Sachverständiger beging den Spitzboden und stellte fest, dass der Dachstuhl im Spitzbodenbereich insgesamt einsturzgefährdet war. Hierüber stand in dem Gutachten des Erst-Sachverständigen nichts. Als Folge von dieser Feststellung kam es zu beträchtlichen finanziellen Auseinandersetzungen zwischen dem Verkäufer des Hauses und dem Käufer. Hier hatte es sich um einen Fehler des Sachverständigen gehandelt, der das Objekt beschrieben hatte ohne Hinweis, dass er den Spitzboden nicht begangen hatte.

Was ein Sachverständiger nicht gesehen hat, kann er nicht beschreiben. Beruft er sich auf Hinweise, die ihm mitgeteilt wurden, muss er diese ausdrücklich festhalten, mit den genauen Angaben zur Person, von der er die Informationen erhalten hat. Die üblich Schreibweise lautet: »Nach Angabe von ... hat eine Sache so oder so ausgesehen«.

Beschreibt er eine Sache, ohne diese vollständig gesehen zu haben und bewertet er die Sache insgesamt ohne Vorbehalt, begeht er einen groben Fehler, für dessen Folgen er haftet.

6.10 Grundlagen für die Objektbesichtigung

6.10.1 Grundlagen zum Gutachten im Gerichtsauftrag

Ohne Besichtigung eines Objekts, an dem ein Schaden festgestellt werden soll, an dem eine Bewertung erfolgen oder an dem eine Zustandsfeststellung erfolgen soll kann ein Gutachtenauftrag nicht durchgeführt werden. Das bedeutet nicht, dass es keine Ausnahmen gibt. Wenn es sich um Honorarfragen bei einem umgebauten Gebäude handelt, braucht i. d. R. keine Objektbegehung zu erfolgen. Wenn es strittig ist, wie ein Gebäude in seine Umgebung einbezogen wurde, wird der Sachverständige sich einen örtlichen Eindruck verschaffen müssen. Auch hier wird der Sachverständige in seinem besonderen Wissen um die Umstände, die zu einem richtigen Gutachtenergebnis führen, gefordert sein. Werden ihm Gegenstände in sein Büro zur Begutachtung gebracht, so handelt es sich dabei natürlich auch um einen Ortstermin, mit dem Zwang, diesen ordnungsgemäß abzuwickeln. Eine formgerechte Einladung zu einem

Ortstermin, aus dem die Daten der Terminstellung in das Gutachten übertragen werden, ist selbstverständlich (siehe Kap. 7.2.2).

In einem Gutachten wird ein Bezug zu der erfolgten schriftlichen und termingerechten Einladung zum Ortstermin hergestellt. Was ist termingerecht? Hier handelt es sich nicht um eine übliche Phrase in einem Gutachten, sondern es besteht ein wichtiger Hintergrund zu dieser Aussage. 3–4 Wochen Vorlauf zwischen Terminankündigung und Begehungsdatum muss gegeben sein. Der Sachverständige denke daran, dass seine Einladung an die Prozessvertreter von diesen den Streitparteien zugestellt werden muss. Zwischen den Parteien und ihren Prozessvertretern erfolgt die erste Terminabstimmung. Es muss ein Rücklauf erfolgen. Mindestens drei Wochen für einen Terminvorlauf sind realistisch. Wie schon erwähnt, sind Feiertage und Ferien zu berücksichtigen. Hat eine Woche einen Feiertag, wird der Erfolg für eine Begehung in Frage stehen. Dass es auch im gerichtlichen Bereich erforderlich sein kann, umgehend nach einer Auftragserteilung eine Begehung durchzuführen soll hier erwähnt werden. Beispielsweise ist sofortiges Handeln angesagt in Form einer Beweissicherung, falls ein Beweismittel verloren zu gehen droht.

In dem Gutachten muss darauf hingewiesen werden, dass aus zu benennenden Gründen ein Objekt »sofort« begangen wurde. Eventuell konnten, mit Zustimmung des Richters, in diesem Fall auf die Beteiligung einer oder beider Parteien verzichtet werden, z.B. wegen der Gefahr, dass ein Beweismittel vernichtet werden könnte (»Mit Zustimmung des zuständigen Richters (Name, Termin des Gesprächs) erfolgte umgehend nach der Auftragszustellung die örtliche Begehung ohne Benachrichtigung der Parteienvertreter«).

Beispiel: Ein Anwalt fragt telefonisch bei einem Sachverständigen an, ob er noch am Vormittag eine Begehung durchführen kann, er würde sofort bei dem zuständigen Amtsgericht einen Antrag auf einen selbstständigen Beweisbeschluss persönlich beantragen. Bereits eine Stunde später überbringt der Anwalt den Beweisbeschluss mit dem Hinweis, der Sachverständige könne sofort ohne weitere Beteiligte zu der betreffenden Baustelle fahren. Es wurden Abbrucharbeiten auf einem benachbarten Grundstück durchgeführt. Die vorhandene Bausubstanz des Objekts seines Mandanten musste auf Schadensfreiheit überprüft werden.

In das Gutachten gehört in diesem Fall die Begründung für die Eilbedürftigkeit hinein und der Hinweis, warum die beteiligten Parteien nicht geladen zu werden brauchten, und wer für diese Aussage zuständig war. Es ist darauf hinzuweisen, dass das zuständige Gericht eine Kopie der Termineinladung erhalten hat und alle bei einem Ortstermin anwesenden Personen sind zu nennen.

Es müssen nicht immer nur zwei Streitparteien anwesend sein. Die Anzahl ist je nach Fallgestaltung beliebig. Nicht immer sind nur die Anwälte mit ihren Mandanten bei einem Ortstermin vertreten. Die Mandanten bringen noch andere Personen mit, die an der Arbeit des Sachverständigen interessiert sind, das können Familienangehörige, Freunde oder Bekannte sein. Ein Architekt wird in einer Bausache von einer Partei gebeten an dem Ortstermin teilzunehmen. Es ist dann Sache des Sachverständigen zu entscheiden, ob alle Personen an der Begehung teilnehmen oder ob er eine Auswahl trifft. Ein Ortstermin ist nicht öffentlich. In dem Gutachten sind diejenigen Personen zu nennen, die teilgenommen haben, nicht diejenigen, die nicht teilgenommen haben.

Ein Firmenchef bringt verschiedene Mitarbeiter mit oder Personen, die in seinem Auftrag als selbstständige Unternehmer die Arbeiten ausgeführt haben. Sind diese dem Streit beigetreten, werden sie Nebenintervenienten oder auch Streithelfer genannt und können eigene Anwälte mitbringen. Die Anzahl der Personen, die an einer Begehung teilnehmen wollen kann groß sein. Es gilt für den Sachverständigen die Übersicht zu behalten. Die Befragung jedes Einzelnen nach seinem Namen und seiner Funktion im Verhältnis zu dem zu besichtigenden Schaden kann unübersichtlich werden. Allein alle Namen richtig aufzunehmen kann schwierig sein.

Der geübte Sachverständige hat ein Klemmbrett mit einem vorgefertigten Formblatt mit Kopf über den zu bearbeitenden Fall und ein Listenfeld mit zwei Spalten für den Namen und die Funktion des Namensträgers.

Beispiel: Bei einer umfangreichen Ortsbegehung waren die Rechtsanwälte, davon einer mit einer Assistentin, die Mandanten mit je drei Mitarbeitern und zwei weitere Herren anwesend, deren Zuordnung auf den ersten Blick nicht möglich war. Erst bei Nennung der Funktion auf dem Formblatt zeigte es sich, dass beide Herren Pressevertreter waren. Es war jetzt Aufgabe des Sachverständigen zu entscheiden, ob die Pressevertreter an der Begehung teilnehmen sollten oder nicht.

Der Sachverständige entscheidet allein, wer an einer Begehung teilnimmt oder nicht. Es muss schon ein Bezug zu dem anstehenden Fall vorhanden sein, wenn er sich für die Teilnahme einer Person entscheidet. In dem vorgenannten Fall wurde die Teilnahme der Pressevertreter nach einem einigenden Gespräch ausgesetzt und mit Zustimmung der Prozessvertreter eine Begehung auf einen späteren Sondertermin verschoben.

Das Formular mit den Teilnehmern und deren Unterschrift, kann dem Gutachten im Anhang beigefügt werden. Wenn nicht, werden alle genannten Personen in dem Gutachten aufgeführt, wobei mit dem Antragsteller und seinem Prozessvertreter begonnen wird. Der Sachverständige sollte unbedingt darauf achten, dass die Namen der anwesenden Personen in dem Gutachten richtig geschrieben sind. Es kann den guten Sachverständigen auszeichnen, wenn er einen Prozessvertreter bei der Gutachtenbearbeitung noch einmal anruft und sich einen Namen buchstabieren lässt. Es gehört in das Gutachten neben den bereits genannten Zeitfolgen hinein, die Zeiten zu nennen, zu denen eingeladen war, wann die Begehung beendet wurde, ob in der Zwischenzeit Beteiligte den Begehungsort verlassen hatten.

Beispiel: Bei der Durchführung einer Begehung in einem selbstständigen Beweisverfahren waren zwei Ehepaare als Eigentümer der zwei Wohnungen anwesend. Prozessvertreter waren nicht gekommen. Von der Seite des Antragsgegners (Beklagte) war eine bevollmächtigte Person gekommen. Da die Bevollmächtigung nicht beglaubigt war, hat der Prozessvertreter des Antragstellers (Kläger) auf telefonische Nachfrage darauf hingewiesen, dass diese Person an der Begehung nicht teilnehmen dürfe. Nachdem die Person gegangen war, wurde von dem Sachverständigen der Termin abgebrochen, da er jetzt mit einer Partei allein gewesen wäre, was, wenn schon nicht unzulässig, zumindest problematisch geworden wäre. In dem Gutachten musste ohne besondere Begründung darauf mit Uhrzeitangabe hingewiesen werden, dass der Termin aufgehoben wurde und der Sachverständige zu einem neuen Termin fristgemäß eingeladen hat. Genannt wird außerdem der Hinweis, ob gegebenenfalls den Beteiligten der Beweisbeschluss vor Beginn der Begehung verlesen wurde.

Besonders bei umfangreicheren Beweisbeschlüssen können nicht alle Teilnehmer, besonders anwesende Privatpersonen, überblicken worum es geht. Unnötige Fragen werden während der Begehung an den Sachverständigen gestellt. Alle Fragen die außerhalb des Beweisbeschlusses liegen und eventuell von dem Sachverständigen beantwortet werden, können von Beteiligten falsch interpretiert werden: Der Sachverständige muss sich inhaltlich genau an einen Beweisbeschluss halten, wenn er nicht in Gefahr laufen will abgelehnt zu werden. Genannt wird in dem Gutachten, ob der Sachverständige die Möglichkeit hatte, alle in einem Beweisbeschluss genannten Punkte zu besichtigen, bzw. ob ihm alle genannten Gegenstände, die er begutachten soll, vorgelegt bekommen hat.

Beispiel: Mit der Einladung zum Ortstermin weist der Sachverständige darauf hin, dass alle Bereiche, die besichtigt werden sollen, auch begehbar sein müssen. Für die Besichtigung eines Kuhstalles mussten die Kühe auf die Weide getrieben werden, der Dunggang sollte gesäubert und entgast werden. An Ort und Stelle wies der Landwirt darauf hin, dass wegen schlechten Wetters die Kühe nicht auf die Weide konnten, im Stall seien aber Vorbereitungen getroffen, damit der Sachverständige die schadhaften Bereiche begehen könne. Die Kühe sollten ihn nicht stören. Der Sachverständige lehnte die Begehung ab mit dem Hinweis, er müsse nicht zwischen den Tieren seine Arbeit verrichten. Außerdem wisse er nicht ob die Kühe Fremden gegenüber friedlich seien. Die beteiligten Prozessvertreter verhielten sich neutral. Die Begehung wurde vertagt.

Die Gründe für ein vorzeitiges Ende einer Begehung interessieren nicht. Trifft der Sachverständige auf Bereiche, die er nicht besichtigen kann, so muss er entscheiden, ob er auf eine Begehung insgesamt verzichtet, oder ob er nicht begehbare Bereiche ausklammert, oder ob kurzfristig die Begehbarkeit noch hergestellt werden kann. Nur am Rande sei vermerkt, dass bei eventuell weiten Anfahrten zu einem Ortstermin dem Sachverständigen vorgehalten werden kann, er würde die Kosten des Verfahrens hochtreiben, da er bei gutem Willen die angesetzte Begehung doch noch hätte durchführen können.

Beispiel: Bei der Begehung eines landwirtschaftlichen Anwesens liegt ein Gebäude hinter einem Graben. Eine Umgehung ist nicht möglich. Der Antragsteller legt provisorisch Bohlen über den Graben und bietet seine Hilfe dem Sachverständigen und den sonstigen Teilnehmern der Begehung bei der Überquerung des Grabens an. Der Sachverständige lehnt die Überquerung des tiefen Grabens ab. Er verweist auf den Inhalt seines Einladungsschreibens, dass alle Bereiche für die Begehung zugänglich sein müssen und bittet um einen neuen Termin mit Herstellung eines festen, gesicherten Übergangs. Ein Sachverständiger muss nicht Schaden an seiner Person riskieren. Alle zu begehenden Bereiche müssen so hergerichtet werden, dass die Begehung gefahrlos möglich ist.

In das Gutachten gehört z. B. der Hinweis, dass die Begehung eines Grundstückteiles oder von Gebäudeteilen in dem anstehenden Fall nicht möglich war und ein neuer Termin vereinbart wurde.

Mussten der Sachverständige und andere Teilnehmer zu einem Ortstermin längere Anreisen auf sich nehmen, so gilt es spontan zu entscheiden, ob nicht ein fester Übergang (im genannten Fall) kurzfristig hergestellt werden kann. Durch die erneute Anfahrt der Beteiligten würden erhebliche Kosten entstehen, die gegebenenfalls vermeidbar wären. So kann dem Vorwurf der Kostentreiberei begegnet werden. In dem Gutachten vermerkt werden muss auch, wenn mehrere Begehungen eventuell mit einer unterschiedlichen Anzahl von Teilnehmern erfolgt sind. Es besteht durchaus die Möglichkeit, dass der erste Begehungstermin nur zur Situationsklärung dienen kann, um dann mit den Teilnehmern die weitere Vorgehensweise abzusprechen.

Für jeden neuen Ortstermin wird neu eingeladen, auch wenn bei dem Erst-termin bereits mündlich mit den Beteiligten ein neuer Termin abgesprochen wurde. Das Gericht muss benachrichtigt werden.

Der Hinweis muss aufgenommen werden, ob über die in einem Beweisbe-schluss genannten Punkte hinaus mit Zustimmung aller Beteiligten ein oder mehrere Zusatzpunkte bearbeitet wurden, so genannte Zusatztatsachen.

Der Wunsch nach der Bearbeitung von Zusatzpunkten kommt häufig vor. Sind die Beteiligten im Grundsatz einverstanden und geben ihre Zustimmung, so muss der Sachverständige für sich genau prüfen, ob er diesem Wunsch fol-gen soll. Verweigert er sich dem Wunsch, besonders wenn alle Beteiligten eine lange Anfahrt hatten, besteht die Gefahr, dass ihm Kostentreiberei vorgewor-fen wird. Reicht der gesetzte Zeitrahmen nicht aus, so kann der Wunsch nach der Bearbeitung von Zusatzpunkten abgelehnt werden. Reicht der gesetzte Kostenrahmen überschläglich gesehen nicht aus, kann der Wunsch nach der Bearbeitung von Zusatzpunkten ebenfalls abgelehnt werden. Zuerst muss ein neuer Kostenvorschuss bei dem Gericht angefordert werden.

Beispiel: Bei einer Begehung sollte der Sachverständige feststellen, ob alle Umbauarbeiten an einem Gebäude gemäß der notariell vereinbarten Baube-schreibung ausgeführt worden waren. Der Zeitrahmen war einvernehmlich mit An- und Rückreise vom Geschäftssitz des Sachverständigen aus abgesprochen worden. Vor Ort tauchte plötzlich der Hinweis auf, der Sachverständige möge auch die Grundflächen der fünf Wohnungen aufmessen. Diese zusätzlichen Arbeiten konnten in dem vereinbarten Zeitrahmen nicht ausgeführt werden. Alle Beteiligten wurden sich dahingehend einig, dass der Sachverständige noch einmal übernachtet und ohne Parteien und Prozessvertreter das Aufmaß am nächsten Tag durchführt. Letztlich wurden erhebliche Kosten eingespart. Allein der Sachverständige bestimmt im sachlich neutralen Rahmen, ob Zu-satztatsachen im vereinbarten Ortstermin aufgenommen werden oder nicht. Ein entsprechender Hinweis muss in dem Gutachten stehen, wie beispielsweise »Mit allen Beteiligten beim Ortstermin wurde vereinbart, dass aus Zeitgrün-den ein weiterer Begehungstag dem Sachverständigen zur Verfügung gestellt wurde, um die zusätzlichen Punkte (...) mit in das Gutachten aufzunehmen«.

Wurde ein Ortstermin wegen Unstimmigkeiten zwischen den Parteien ab-gebrochen, so ist im Gutachten mit Angaben zur Uhrzeit darauf hinzuweisen, dass der Termin abgebrochen wurde. Gegebenenfalls gehört hinzu, dass an Ort und Stelle ein neuer Termin vereinbart wurde, der noch schriftlich bestätigt wird. In ein Gutachten gehört nicht hinein, dass sich z.B. Parteien gestritten haben oder handgreiflich geworden waren.

Ein Bürotermin kann ebenfalls als Ortstermin gewertet werden, wenn lose Gegenstände besichtigt werden sollen, die von den Parteien dem Sachverständigen in seinem Büro vorgelegt werden können. Termine und Beteiligte sind, wie vorher beschrieben, zu nennen.

6.10.2 Grundlagen zum Gutachten im Privatauftrag

Für den Gutachteninhalt ergeben sich bei einem Privatgutachten nur organisatorische Unterschiede. Alle Termine können telefonisch auch kurzfristig abgesprochen werden. Zusatzfragen können jederzeit abgehandelt werden. Wichtig ist nur, dass alle Zeitfragen, Personen und Untersuchungen in das Gutachten eingebracht werden müssen.

Der erfahrene Sachverständige wird hier zwischen einem Gerichtsauftrag und einem Privatgutachten keinen Unterschied machen, schon aus Sicherheit für sich selbst.

Beim privaten Auftrag wird der Sachverständige bei einer Begehung darauf hinweisen, dass der Auftraggeber mithelfen muss, damit der Sachverständige zu einem richtigen Ergebnis kommt. In einem Privatgutachten können durchaus die Umstände genannt werden, die dazu geführt haben, dass der Sachverständige zu einem umfassenden Ergebnis in einer Sache gekommen ist.

Beispiel: In einem Schweinezuchtstall sind beim Neubau des Stalles anscheinend nicht die richtigen Deckendämmplatten verwendet worden. Es ist zu Zugerscheinungen mit Todesfolgen für die Schweine gekommen. Der Sachverständige hat in seinem Gutachten darauf hingewiesen, dass dem Anschein nach und nach Angabe des Bauunternehmers die richtigen Dämmplatten verwendet wurden, aber nach genauer Begehung des Spitzbodens festgestellt wurde, dass falsche Platten eingebaut wurden. Der Typenaufdruck war an der Plattenoberseite vorhanden.

Nur durch die zeitaufwändige Untersuchung in dem sehr niedrigen Dachbodenbereich konnte im Gegensatz zu den gemachten Angaben festgestellt werden, dass falsche Platten verwendet worden waren.

Bei entsprechender Vorbereitung durch den Stallbesitzer wäre die zeitaufwändige und an die Person des Sachverständigen anspruchsvolle Dachbodenbegehung nicht erforderlich gewesen.

In einem Privatgutachten muss erwähnt werden, wenn über den Auftraggeber hinaus weitere Personen Gutachtenexemplare erhalten sollen. Grundsätzlich müssen diese Zusatzexemplare über den Besteller des Gutachtens laufen – schon aus Kostengründen.

In dem Gutachten wird vermerkt, dass neben den für den Auftraggeber vorgesehene Gutachtenexemplaren weitere Exemplare dem Auftraggeber zur Verfügung gestellt wurden, wobei die Namen der Empfänger genannt sein sollten.

Nur am Rande sei hier vermerkt, dass der Sachverständige an Ort und Stelle keine Ergebnisse über den Umfang von Schäden, Kosten für die Schadensbeseitigung usw. in seiner Untersuchungen preisgeben sollte, da mündliche Angaben missverstanden werden können. Bei der Gutachtenbearbeitung können ganz andere Ergebnisse entstehen. Erst die Summe aller erfolgten Untersuchungen mit den vorgelegten Unterlagen wird zu einem inhaltlich richtigen Gutachten führen.

Der Sachverständige wird auf Fragen zu seinem Gutachtenergebnis beim Ortstermin immer auf den Inhalt des noch zu erstellenden Gutachtens verweisen, auch wenn er eventuell Teilergebnisse seiner Untersuchungen genannt hat. Ein Hinweis in dem Gutachten, dass nur das Gutachten gilt, sollte dann erfolgen.

6.11 Die örtlichen Feststellungen

6.11.1 Die örtlichen Feststellungen im Gerichtsauftrag

»... der Sachverständige verliert seinen Entschädigungsanspruch, wenn er die Befundtatsachen (d. h. die Tatsache, die auftragsgemäß Gegenstand der sachkundigen Tatsachenfeststellung ist) nicht nachprüfbar darstellt, die angestellten Berechnungen unrichtig sind und die Beweisfragen nicht nachvollziehbar beantwortet werden« (OLG Naumburg, 23.01.01, Az. 4 W 74/00).

Während in dem Teil 3.00 lediglich die Beschreibung des zu untersuchenden Objekts erfolgte, wird hier auf die Umstände eingegangen, nach denen der Gutachtenauftrag untersucht werden soll. Der Sachverständige ermittelt den Zustand eines Objekts und sucht auftragsgemäß nach Schäden an einer Sache, nach dem Wert einer Sache oder nach abweichenden Zuständen an einer Sache vom üblichen Normalzustand. Der Beweisbeschluss ist seine Arbeitsgrundlage. Aufgrund der besonderen Erfahrung in seinem Sachgebiet erkennt er Abweichungen und wird diese fachlich formulieren, aber für den Laien verständlich benennen. Man spricht von der Feststellung eines Ist-Zustandes.

Welche Voraussetzungen gegeben sein müssen um eine örtliche Feststellung durchzuführen wurde bereits verwiesen. Um die Untersuchungen, gleich welcher Art, durchführen zu können, wird er sich so genau wie möglich anhand der ihm überlassenen Unterlagen mit dem Objekt beschäftigen. Nur so wird er an Ort und Stelle für alle Beteiligten nachvollziehbar tätig werden können. Vor einer Begehung wird sich der Sachverständige Unterlagen erstellen, nach denen er die Begehung durchführen will.

In seinem Gutachten wird er schildern müssen, warum und wie er eine Sache untersucht hat, damit Prozessvertreter, Parteien und Richter verstehen, wie er zu seinem Ergebnis gekommen ist. Er wird sich streng an den Inhalt eines Beweisbeschlusses halten.

Er wird beschreiben, dass er im Regelfall nur das feststellen kann, was er sieht (die Inaugenscheinnahme) und dass er nicht eigenmächtig zerstörenden Untersuchungen durchgeführt hat. Erst nach Abstimmung der Vorgehensweise mit Erörterung der voraussichtlichen Kosten erfolgte in einem weiteren Termin eine zerstörende Untersuchung. Der Weg dort hin ist, neben dem Ergebnis, zu dokumentieren.

Beispiel: An der Innenseite einer Außenwand eines Wohngebäudes hatte sich erheblicher Schimmelbeschlag gebildet. Nur durch die äußerliche Betrachtung konnte der Sachverständige die Ursache nicht erkennen. Aufgrund seiner Erfahrung als bauender Architekt wusste er, dass in dem Mauerwerksaufbau eine Luftschicht vorhanden sein musste. Er konnte ohne den Nachweis des Wandaufbaus nicht nachvollziehbar beweisen, dass es sich nicht um Feuchtedurchdringungen von außen handelt. Die Wand musste geöffnet werden. Es war Sache des Sachverständigen einen Weg zu finden, der bei geringster Zerstörung den eindeutigen Nachweis seiner Vermutung bringen würde. Zugleich musste er auf die Kostenfrage einer derartigen Untersuchung hinweisen und bei Zustimmung der Parteien um die Erhöhung des Kostenvorschusses bitten. In dem Gutachten musste nicht nur das Ergebnis seiner Untersuchungen aufgenommen werden, sondern auch der Weg, wie es zu der Untersuchung gekommen ist.

Er muss sich neutral zu den anwesenden Personen verhalten, um in keinem Augenblick in den Verdacht zugeraten, in einem Beweisbeschluss genannte Tatsachen als für Jedermann erkennbar abzuqualifizieren. «Verstehe ich überhaupt nicht, es ist doch kein Schaden vorhanden, die kleinen Kratzer stellen doch übliche Gebrauchsschäden dar«. Eine solche Äußerung kann zur Ablehnung des Sachverständigen führen. Er muss in seinem Gutachten zu einer im Beweisbeschluss genannten Sache Stellung nehmen, auch wenn ihm bei der

Besichtigung die Sache lächerlich erscheint und er sie für kleinlich betrachtet hält. Er sollte Unterlagen, die von Parteien bei einer Ortsbesichtigung vorgelegt wurden und mit Zustimmung der Beteiligten von dem Sachverständigen genutzt werden sollten, nicht verächtlich beiseite legen.»Die Unterlagen sagten ihm nichts Neues, er beherrsche das Thema vollständig, immerhin hätte er ein Hochschulstudium absolviert«. Auch in diesem Fall drohte die Ablehnung des Sachverständigen.

Beispiel: Ein von dem Kläger vorgelegtes Privatgutachten hat ein Sachverständiger nach der ersten Durchsicht dadurch abqualifiziert, dass er behauptete, der betreffende Sachverständige habe von der Materie keine Ahnung (OLG Oldenburg, 19.01.99, Az. 2 W 5/99).

Beispiel hierzu aus einem Anwaltsschriftsatz: *»Da der Sachverständige bei der Antragstellerin den Eindruck vermittelt hat, als untersuche er die hier angesprochenen Probleme nicht mit der gebotenen Genauigkeit, ist seitens der Antragstellerin ihrerseits ein Gutachten durch den vereidigten Sachverständige W. in Auftrag gegeben worden«.*

Allein aus diesem Abschnitt eines anwaltlichen Schriftsatzes ist erkennbar, wie genau und präzise die örtlichen Untersuchungen in einem Gutachten geschildert werden müssen.

Beispiel: Im Bauwesen besteht der Inhalt von Beweisbeschlüssen häufig aus einer ganzen Reihe von zu untersuchenden Punkten (Punkteverfahren). Diese Punkte müssen in dem Gutachten genau in der Reihenfolge wie im Beweisbeschluss genannt abgearbeitet werden. Das heißt nicht, dass an Ort und Stelle eine andere Reihenfolge bearbeitet wird. Der erfahrene Sachverständige wird sich vor Beginn einer Begehung genau überlegen, wie er vorgehen wird. Gegebenenfalls wird er Eintragungen in Bauzeichnungen machen, die dem Gutachten verkleinert als Nachweis, dass alles begangen wurde, beifügt werden können.

So werden Räume i.d.R. im Uhrzeigersinn begangen. Gebäude von oben nach unten, Außenbegehungen ebenfalls im Uhrzeigersinn. Bei Bewertungen von Gebäuden oder Grundstücken sollte der Sachverständige schon im eigenen Interesse ein Begehungskonzept besitzen, an dem er z.B. nachvollziehbar Fotos von Grundstücks- oder Gebäudeteilen eintragen kann. Die Gefahr einzelne zu untersuchende Objektteile zu vergessen, Unterlagen falsch zuzuordnen, Fotos in der Reihenfolge ohne Bezug zu einer Unterlage des Objekts falsch zuzuordnen, ist immer gegeben.

Er muss darauf hinweisen, dass gegebenenfalls mehrere Begehungen durchgeführt wurden, bei jeder Begehung bestimmte Ergebnisse erzielt wurden und dass er jede erneute Begehung nach den gleichen Grundsätzen wie die erste Begehung mit Ankündigung über die Prozessvertreter mit deren Mandanten durchgeführt hat (siehe Kap. 6.10).

»1. Den Beteiligten eines Gerichtsverfahrens steht das Recht zu, auch bei den Ermittlungen des Sachverständigen zur Vorbereitung des Gutachtens anwesend zu sein.

2. Unterbleibt die Benachrichtigung der Beteiligten von der Ortsbesichtigung, ist das Verfahren unabhängig davon fehlerhaft, ob dies auf unterlassene Anordnung des Gerichts nach § 404 a Abs. 4 ZPO oder darauf beruht, dass der Sachverständige die Anordnung missachtet hat. Beides führt regelmäßig zur Unverwertbarkeit des Gutachtens.

3. In der Regel wird sich nicht feststellen lassen, welches Ergebnis die Ortsbesichtigung bei Anwesenheit der Beteiligten gehabt hätte.

4. Aufgrund der Rüge eines Beteiligten wegen unterbliebener Benachrichtigung muss das Gericht den Sachverständigen zur Wiederholung der Ortsbesichtigung in Anwesenheit der Beteiligten veranlassen oder eine eigene Ortsbesichtigung mit den Beteiligten und dem Sachverständigen durchführen.

5. Erst aufgrund einer solchen Besichtigung, einer eventuellen Stellungnahme der Beteiligten und einer gegebenenfalls erforderlichen mündlichen oder schriftlichen Ergänzung des Sachverständigengutachtens wäre eine prozessordnungsgemäße Überzeugungsbildung durch das Gericht auf der Grundlage der Beweisaufnahme möglich.

6. Ausnahmen sind nur dann zulässig, wenn der Beteiligte den Vorstoß zwar rügt, das Ergebnis des Gutachtens aber nicht infrage stellt oder wenn der Beteiligte auf die Einhaltung der Benachrichtigung nachträglich ausdrücklich oder konkludent durch rügelose Einlassung verzichtet. Der Sachverständige wird darauf hinweisen, dass er den Ortstermin persönlich durchgeführt hat.« (BverwG 12.04.06, Az. 8 B 91/05).

Beispiel: Ein Sachverständiger erhält den Auftrag, Bodenschäden in einer Tiefgarage zu untersuchen. In seinem Gutachten hat er als Präambel geschrieben: *»Sofort nach Eingang des Gutachtenauftrages habe ich meinen Mitarbeiter in die Garage geschickt, um die genannten Mängel festzustellen und mit Untersuchungen an der Fahrbahn begonnen«.* Das Gutachten ist zu Recht angegriffen worden, da der Sachverständige nicht persönlich die Untersuchungen durchgeführt hatte.

- Der Sachverständige muss die Grundrechte Dritter berücksichtigen. Aus seinem Gutachten muss hervorgehen, dass er z. B. mit Einwilligung eines Nachbarn von dessen Grundstück aus Vermessungen durchgeführt hatte.
- Der Sachverständige darf keinen Zweifel daran lassen, ob er eine Sache selbst angesehen hat oder ob ihm nur zugetragen wurde, wie eine Sache ausgesehen haben könnte. Hat er eine Sache nicht selbst gesehen, so kann er nicht so tun als hätte er sie selbst gesehen. Wenn der Informant nicht zulässt, dass er genannt wird, kann der Sachverständige schreiben »nach Angabe von ... Nachbar, Mieter, Passant usw.«. So drückt er eindeutig aus, dass er selbst die Sache nicht gesehen hat. Es können keine Zweifel an seiner Glaubwürdigkeit entstehen. Es handelt sich um Angaben von Beteiligten. Ob diese Angaben später rechtlich gewürdigt werden oder nicht, das zu beurteilen, ist nicht Sache des Sachverständigen.
- Er muss darauf hinweisen, dass er aufgrund seiner Sachkunde, wenn erforderlich, mit messtechnischen Geräten arbeitet, die dem Stand der Messtechnik entsprechen. Hinzu kommt, dass er die Handhabung beherrschen muss. In dem Gutachten kann als Vorspann zu den vorgenommenen Untersuchungen ein grundsätzlicher Hinweis stehen, womit er gearbeitet hat, und welche Qualität der Messungen zu erwarten ist.
- Arbeitet der Sachverständige mit einem Mitarbeiter als Hilfsperson bei einer Tatsachenfeststellung, so muss er diesen nach eventuellen geschäftlichen Beziehungen zu den Parteien befragen und im positiven Fall den Umstand den Parteien mitteilen (OLG Celle, 08.03.07, Az. 6 W 1/07). Er muss also den Parteien Gelegenheit bieten, sich rechtzeitig vor dem Ortstermin zu äußern und gegebenenfalls muss der Sachverständige seine Hilfskraft auswechseln.
- Unterlässt es ein Sachverständiger, einen Mitarbeiter, den er nicht nur für untergeordnete Tätigkeiten einsetzen will, nach einer geschäftlichen Beziehung zu den Parteien zu befragen und später stellt sich heraus, dass der Mitarbeiter enge Beziehungen zu einer Partei unterhält, ist das Gutachten unverwertbar. Dem Sachverständigen steht dafür keine Vergütung zu, weil er die Unverwertbarkeit grob fahrlässig herbeigeführt hat. (OLG Celle, 05.09.07, Az. 6 W 82/07.

Es ist Sache des Sachverständigen, im Vorfeld einer örtlichen Begehung alle Umstände zu erforschen, die dazu beitragen könnten, dass er einem Befangenheitsantrag unterliegt. Alle Umstände um beteiligte Personen müssen im Zweifelsfall eindeutig in einem Gutachten genannt werden.

In einem Gutachten müssen elementare Hinweise enthalten sein, damit erzielte Messergebnisse von einem Auftraggeber richtig gewertet werden können. Von dem Laien kann nicht erwartet werden, dass er an genannten Dezimalstellen erkennt, ob eine Messabweichung für den anstehenden Fall erheblich oder nur geringfügig ist. In der DIN 55 350 Teil 13 ist der wahre Wert definiert als tatsächlicher Wert einer Messgröße unter den bei der Ermittlung herrschenden Bedingungen. In der DIN 1319 ist eine Messunsicherheit definiert, dabei gilt es zu berücksichtigen:

- Messunsicherheit der Messung (Aufgabe des Vermessenden)
- Messunsicherheit des Gerätes (Verpflichtung des Geräteherstellers).
- Ein Messergebnis darf nicht mehr Nachkommastellen aufweisen als sich aus der Größenordnung der Messunsicherheit ergibt.

Zeitangaben über Begehungsabläufe müssen vorhanden sein:

- Es muss einen Hinweis geben, ob alle zu Beginn der Begehung Anwesenden bis zum Ende der Begehung teilgenommen haben oder nicht. Sind Teilnehmer vorzeitig gegangen, sind die Uhrzeiten zu vermerken. Der Sinn dieser Aufzeichnung liegt darin, dass der Sachverständige jederzeit nachweisen kann, dass er nicht allein mit einer Partei einen Teil einer Begehung durchgeführt hat. Ein Befangenheitsantrag kann schnell formuliert sein. Der Sachverständige muss sich dann gegenüber dem Gericht rechtfertigen, warum er ohne eine Partei eine Begehung durchgeführt oder fortgesetzt hat. Die Entscheidung ob der Sachverständige befangen ist oder nicht liegt allein bei dem zuständigen Richter.
- Das Ende einer Begehung wird durch den Sachverständigen bekannt gegeben und erscheint als Uhrzeit in dem Gutachten. Der Sachverständige wird sofort ohne weitere Einzelgespräche mit einer anwesenden Partei den Begehungsort verlassen (Literaturtipp: Kap. 7.5.3 »Bleutge, P.: Merkblatt zur Durchführung einer Ortsbesichtigung. 6. Auflage. Köln: Institut für Sachverständigenwesen e. V. 2006; siehe auch Kap. 7.5.3).

Beispiel aus einem Gutachten: *»Nach Beendigung der Begehung habe ich zur Abklärung weiterer Randbedingungen zu meinem Gutachten mit den Herren ohne ihren Prozessvertreter, der einen dringenden anderweitigen Termin hatte, (die Antragsteller = Kläger) noch ein Gespräch geführt. Das Gespräch schien mir erforderlich, weil alle Beteiligten über eine größere Entfernung angereist waren, und die Gelegenheit mir günstig erschien, um direkt wichtige Umstände zur Sache zu erfahren«.*

Der Sachverständige wurde aus Gründen der Besorgnis der Befangenheit abgelehnt. Er hätte, wenn es dann so notwendig war, alle Beteiligten bitten müssen noch etwas zu verweilen um das Gespräch mit anzuhören, um anschließend die Begehung offiziell zu beenden. Urteil OLG Konstanz 16.11.05, Az. 14 W 713/05: Ein Sachverständiger hatte sich nach der Ortsbesichtigung länger mit der Gegenpartei des Antragstellers unterhalten, wobei auch Gelächter zu vernehmen war. Darauf hin wurde der Sachverständige wegen Besorgnis der Befangenheit abgelehnt, sein Vergütungsanspruch blieb jedoch bestehen, weil das Gericht sein Verhalten nicht als grob fahrlässigen Pflichtverstoß einstufte.

Es ist nicht Sache eines Sachverständigen, im Vorfeld zu einer Ortsbesichtigung eine Zeugeneinvernahme durchzuführen. Hinweise in der Richtung in einem Gerichtsgutachten können zur Ablehnung des Gutachtens führen (Urteil OLG Konstanz 16.11.05, Az. 14W713/05).

Beispiel aus einem Gutachten: *»Ich habe zur Abklärung grundsätzlicher Fragen zu dem Gebäude, in welchem eine örtliche Begehung stattfinden soll, Personen aus der Nachbarschaft des zu begutachtenden Gebäudes zu einer Zeugeneinvernahme in mein Büro geladen«.*

Ein derartiger Hinweis darf in einem Gutachten nicht enthalten sein. Der Vorgang selbst ist im gerichtlichen Sachverständigenbereich für den Sachverständigen unzulässig.

»Ein Sachverständiger führt eine Befangenheit grob fahrlässig herbei und verliert seinen Entschädigungsanspruch, wenn er ohne Unterrichtung der Parteien und des Gerichts eine Zeugenbefragung durchführt.« (OLG Naumburg 21.11.01, Az. 13 W 604/01).

Insgesamt ist bei den wenigen aufgezeigten Beispielen zu erkennen, dass in Gutachten immer wieder Fehler eingearbeitet werden, die zur Ablehnung des Gutachtens bis hin zum Entfall der Entschädigung führen können. Der Sachverständige sollte für sich einen Fahrplan für die Abfolge aller anzusprechenden Punkte bei einer örtlichen Begehung haben, damit er nichts vergisst aber auch nicht zu viel schreibt. Ein solcher Fahrplan wird für die einzelnen Gutachtenfachbereiche unterschiedlich ausfallen, weswegen kein Standardformular für weitgehend alle Fachgebiete entwickelt werden kann. Der geübte Sachverständige wird immer wieder sein letztes Gutachten, von dem er überzeugt ist, dass es insgesamt schlüssig ausgefallen ist, zum Vergleich bei einem weiteren Gutachtenauftrag hinzuziehen. Hilfreich kann auch hier die Kopie eines in einer Gerichtsakte bereits befindlichen eigenen Gutachtens sein, z. B. wenn ein Ergänzungsgutachten erstellt werden soll und die Gerichtsakte an den Sachverständigen vollständig zur Einsichtnahme zurückgeht. Dann kann er in sein Erstgutachten Einsicht nehmen und gegebenenfalls an Randnotizen eines Richters und Schriftsätzen der Anwälte erkennen, ob er Angriffsflächen geboten hat. In dem Ergänzungsgutachten hat der Sachverständige dann die Möglichkeit, Missverständlichkeiten zu korrigieren.

»Es zeigt sich immer wieder, dass Sachverständigen bei der Vorbereitung, Durchführung und Auswertung der Ortsbesichtigung zahlreiche, teilweise elementare Fehler unterlaufen. Das mag zum Teil daran liegen, dass der Gesetzgeber zu dieser Thematik keine Bestimmungen in der ZPO getroffen hat.« (newsletter Institut für das Sachverständigenwesen e. V. 20.06.07).

Das liegt zum anderen aber auch daran, dass die Sachverständigen die zahlreichen Informationsangebote der einschlägigen Literatur, Fachzeitschriften und Seminare nicht ausreichend nutzen. Dabei ist es besonders wichtig, dass bei der Durchführung der Ortsbesichtigung keine Fehler gemacht werden. Denn dies kann die Unverwertbarkeit des Gutachtens und im schlimmsten Fall auch den Verlust der Vergütung zur Folge haben.

Nicht umsonst heißt es zu diesem sachbezogenen Gutachtenteil, dass in ihm die Grundlage für ein nachvollziehbares und allen verständliches Gutachten gelegt wird.

Nur wenn die Untersuchungen zu einem bestimmten Befund, zu so genannten Befundtatsachen geführt haben, die eindeutig beschreiben was vorgefunden wurde, kann ein Richter auf eine zusätzliche Beweiserhebung verzichten.

- Wer nicht zuhören kann, der wird nichts erfahren, was er schreiben kann.
- Wer nicht hinsehen kann, der wird auch nichts schreiben können.
- Wer nicht weiß, was er sehen soll, der kann nicht aufschreiben, was er gesehen hat.
- Wer nicht gelernt hat Sachbezüge herzustellen, der kann in einem Gutachten keine Fallentwicklungen vermitteln.

Und noch ein Wort zur Wiedergabe von Untersuchungsergebnissen, die durch zerstörende Eingriffe in eine Bausubstanz oder andere Gegenstände entstanden sind.

Diejenigen, die Beweisbeschlüsse formulieren werden in der Regel keine Vorgaben darüber machen, wie der Sachverständige zu seinem Ergebnis kommt. Es ist Aufgabe des Sachverständigen zu erkennen ob er nur durch den Augenschein oder durch Öffnung von Bauteilen zu einem Ergebnis kommt. Die Rechtsprechung ist zu Eingriffen in die Bausubstanz durch den Sachverständigen nicht einhellig. Wesentlich ist, dass er in seinem Gutachten Angaben darüber macht ob

- er selbst einen Eingriff vorgenommen hat
- er veranlasst hat, dass andere, z. B. eine Partei, Vorarbeiten durchführen lässt, damit dann der Sachverständige tätig werden kann
- er selbst veranlasst hat, dass Vorarbeiten durchgeführt werden, und diese selbst kontrolliert hat, damit er hinterher seine Untersuchungen durchführen kann
- ein Gericht vorgegeben hat, nötige Vorarbeiten durch eine Partei ausführen zu lassen, damit der Sachverständige z. B. an der richtigen Stelle, seine Untersuchungen durchführen kann
- er zur Vorbereitung von Untersuchungen einen ersten Ortstermin angesetzt hat, um nach eigener Anschauung mit den Beteiligten am Ortstermin die weitere Vorgehensweise bespricht.

In jedem Fall muss der Sachverständige in seinem Gutachten darauf hinweisen welchen Weg er gegangen ist, um zu dem genannten Ergebnis zu kommen.

Unabhängig hiervon sind Kosten- und Haftungsfragen zu eruieren. An dieser Stelle soll davon abgesehen werden auf diese Themenbereiche einzugehen, da sie außerhalb einer Gutachtenerstellung erörtert und gelöst werden müssen. Die Fachliteratur ist mit Gerichturteilen und deren Interpretierung in Fragen der Bauteilöffnung reichlich versehen. Zeigt es doch, dass sich das Thema der »unzulässigen Bauteilzerstörung« bei Untersuchungen in der jüngsten Vergangenheit immer mehr in den Vordergrund geschoben hat. Die sorgsame Fallanalyse, die umfassende Vorbereitung einer Untersuchung, die Beteiligung der Parteien unter Einschaltung ihrer Prozessvertreter müssen in einem Gutachten zur Erwähnung kommen.

Beispiel: In einer mündlichen Anhörung wird von dem Sachverständigen vorgetragen, dass ohne die Öffnung einer Holzbalkendecke nicht festgestellt werden kann, ob das Mauerwerk unter der Decke bis in die Deckenkonstruktion hinein gemauert wurde. Der Richter beschließt nach Anhörung aller Argumente – auch der Parteien – dass von dem Kläger die Decke zu öffnen sei. Aufgabe des Sachverständigen sei es vorzugeben, wo die Öffnung erfolgen soll und in welcher Größe. Ein Termin wurde vereinbart. Zum gesetzten Zeitpunkt erschienen alle Beteiligten zu einem Ortstermin, um die richterlichen Vorgaben umzusetzen. Der Antragsteller hatte aber in der Zwischenzeit nach eigenem Ermessen eine Deckenöffnung durchgeführt, und den Sachverständigen vor vollendete Tatsachen gestellt.

In seinem Gutachten hat der Sachverständige den richterlichen Beschluss als Ergebnis der Anhörung eingebracht und das vorgefundene Ergebnis dagegen gestellt.

In seinen örtlichen Feststellungen ist er genau darauf eingegangen, ob trotz der Deckenöffnung ohne seine lokale Bestimmung die Möglichkeit bestanden hat, die anstehende Frage aus dem ursprünglichen Beweisbeschluss nachvollziehbar zu beantworten. Er hat es vermieden die Voreiligkeit des Antragstellers zu rügen und hat lediglich mit Sachargumenten seine nunmehr getroffenen Feststellungen erhärtet. Er hat weiter darauf hingewiesen, dass in seinem Beisein die Öffnungsstelle in der Decke provisorisch so geschlossen wurde, so dass für die Nutzer der Räume keine Unfallgefahr bestand.

Dass von Gerichten die Verantwortung einer Bauteilöffnung auch anders gesehen werden kann, zeigen die Urteile des OLG Frankfurt (IBR 97, 306) und des OLG Düsseldorf (IBR 97, 306). Sie haben sogar den Gerichtsgutachter verpflichtet, als notwendig erachtete Bauteilöffnungen in eigener Verantwortung vorzunehmen und die entstandenen Schäden wieder zu beseitigen.

Aus den vorher genannten Beispielen allein wird ersichtlich, dass die Abhandlung des Berichts über die örtlich vorgefundenen Tatsachen in einem Gutachten räumliche Breite erfordert. Hier ist der Sachverständige gefragt, gegebenenfalls bis in die letzte Kleinigkeit hinein seine Ausführungen zu machen. Er wird mit Sicherheit zur besseren Lesbarkeit des Gutachtens Unterabschnitte wählen, die theoretisch von 5.01 bis 5.99 reichen können. Berücksichtigt werden müssen Absatzmarkierungen in den einzelnen Punkten der Beweisbeschlüsse. Juristische Schriftstücke, und dazu gehören auch die Beweisbeschlüsse, sind häufig so verklausuliert, dass im ersten Ansatz der Sachverständige nicht erkennt, was letztendlich gemeint ist. Nur die genaue Analyse der Texte wird erkennen lassen, dass eventuell mehrere Fragen in einen Endlossatz gequetscht sind. Ob hier eine Absicht besteht den Sachverständigen zu verunsichern oder ob es sich um den üblichen Schreibstil handelt, mag in der Bewertung uninteressant sein.

Gegebenenfalls gilt es mit Papier und Bleistift eine Themenanalyse vorzunehmen und alle genannten Schriftstücke sorgfältig durchzuarbeiten, um dann mit den Ergebnissen der örtlichen Begehung zu dem Ergebnis zu kommen, von dem der Sachverständige überzeugt ist. Nicht erwartet werden kann von einem Sachverständigen, dass er schriftliche Grundlagen zu einer örtlichen Begehung als unumstößliche Wahrheit hinnehmen muss. Wenn er nach gehöriger Fallanalyse und der erfolgten örtlichen Begehung zu dem Ergebnis kommt, »dass das nicht korrekt ist«, dann muss er vor der schriftlichen

Bearbeitung mit dem zuständigen Richter zur Abklärung von Differenzen Rücksprache nehmen. Inhalt und eventuell neue Formulierung von Beweisbeschlussteilen nach Rücksprache mit dem Richter sind in dem Gutachten deutlich herauszustellen. Es darf nicht so aussehen als hätte der Sachverständige in Einschätzung seiner Fähigkeiten einen Alleingang gemacht.

Das OLG München hat am 11.05.98 entschieden, dass bei der Ortsbesichtigung beide Parteien geladen und anwesend sein müssen, wenn der Sachverständige nicht Gefahr laufen will, von der benachteiligten Partei wegen Besorgnis der Befangenheit abgelehnt zu werden und eventuell den Entschädigungsanspruch zu verlieren.

Aber es gibt auch Ausnahmen. Wenn diese zutreffen, dann sind in einem Gutachten die Gründen zu nennen, warum die Ausnahme gemacht wurde und ob gegebenenfalls die Zustimmung des zuständigen Richters eingeholt wurde.

Eventuelle Ausnahmen (Informationen IfS I/99):

- Die Prozesspartei fehlt entschuldigt und ist mit der Durchführung der Ortsbesichtigung ohne sie einverstanden.
- Die Prozesspartei fehlt unentschuldigt und der Sachverständige beginnt nach einer Wartezeit von 15 Minuten mit der Ortsbesichtigung.
- Der Sachverständige führt beispielsweise eine Lärmmessung an einer Baustelle durch und erscheint naturgemäß unangemeldet und ohne Benachrichtigung oder Einladung der Parteien (das geht nur mit Einverständnis des zuständigen Richters).
- Eine Ladung beider Parteien erscheint nicht notwendig, weil der Sachverständige aufgrund der Umstände des Falles die Ortsbesichtigung – nach Zustimmung des zuständigen Richters – auch allein durchführen kann.

6.11.2 Die örtlichen Feststellungen in privatem Auftrag

Für die inhaltliche Erfassung der örtlichen Begehung im privaten Auftrag gelten im Grundsatz die gleichen Vorgaben, wie im gerichtlichen Bereich. Der Sachverständige hat jedoch den Vorteil, dass er problemlos Fragen hinsichtlich des Aufgabeninhalts an den Auftraggeber richten kann.

- Er kann den Auftraggeber besuchen oder zur Abklärung von Einzelheiten in sein Büro bitten.
- Er kann gemeinsam mit dem Auftraggeber den Auftragsinhalt formulieren.
- Er kann in Abstimmung mit dem Auftraggeber den Schadensort alleine begehen.

- Er kann nach eigenem Ermessen Hilfskräfte beschäftigen, wobei die Kosten- und ggf. die Versicherungsfrage geklärt sein muss.

Alle Erkenntnisquellen können mit dem Auftraggeber durchgesprochen werden, wobei der Sachverständige sich nicht im Endergebnis seines Berichts der Begehung beeinflussen lassen darf. Insgesamt wird sich die unkompliziertere Handhabung einer oder mehrerer Begehungen in dem Gutachten niederschlagen. Es muss aber berücksichtigt werden, dass der privat beauftragte Sachverständige nie sicher sein kann, ob nicht im Hintergrund bereits ein Jurist tätig ist, dem sein Gutachten zugeführt wird. So wird sich bei einfacherer Handhabung der Begehung und der Auswertung der erfahrene Sachverständige nicht in die Sorglosigkeit führen lassen. Der genau formulierte Text in Übereinstimmung mit den vorgefundenen Sachverhalten wird ihn auszeichnen.

Beispiel: Ein Bauunternehmer ruft aus einer benachbarten Stadt einen Gutachter an und fragt, ob er sofort kommen könnte. Er sei beim Betonieren einer Kellersohle und er habe versäumt eine Beweissicherung an den Nachbargebäuden durchführen zu lassen. Am Telefon war nicht die Zeit gegeben, um eine Vertragsverhandlung zu führen. Der Bauunternehmer stimmte einer Kostenübernahme der sofortigen Anfahrt zu. Erst an Ort und Stelle wurde der Auftragsumfang vereinbart, nachdem sich der Sachverständige über den Umfang der zu leistenden Arbeit hat ein Bild machen können. Aufgrund seiner Sachkunde konnte er dem Unternehmer darlegen, in welchem Umfang er tätig werden müsste. Die dann getroffene Vereinbarung war die Grundlage für die Gutachtenerstellung, in die alle vereinbarten Einzelheiten übernommen wurden.

6.12 Die Bewertung

Es ist davon auszugehen, dass mit dem Abschnitt der Bewertung in einem Gutachten der umfangreichste Arbeitsabschnitt angepackt werden muss. Es gilt jetzt aus allen gesammelten Informationen das Ergebnis zu formulieren.

Als erstes wird der Sachverständige sich noch einmal vergewissern, woraus seine Aufgabe besteht, damit er eventuell nicht am Thema vorbei arbeitet.

Ergibt sich aus der Beauftragung, dass es zweckmäßig erscheint, die Gutachtenpunkte 5.00 und 6.00 zusammenzufassen, so sollte der Sachverständige in einem kurzen zweizeiligen Vorwort auf diesen Umstand der Abwicklung hinweisen (»Nachfolgend werden zum besseren Verständnis die Ergebnisse der örtlichen Begehung mit der Bewertung der angetroffenen Zustände je Beweispunkt zusammengefasst.«). Es ist Aufgabe des Sachverständigen darauf hinzuweisen, ob das von ihm genannte Ergebnis als Bewertung ohne Alternative anzusehen ist, oder ob gegebenenfalls noch andere Möglichkeiten der Beantwortung gegeben sein können. Der Sachverständige darf nicht so tun als gäbe es keine weiteren Ergebnisalternativen.

In den IfS-Informationen IV/94 wird unter Bezug auf die DIHK-Broschüre »Expertenrat zum Gerichtsauftrag, Pkt. 9.14« Bezug genommen. Dort heißt es *»... dass ein Sachverständiger kein sicheres Ergebnis vorspiegeln darf, wo nur ein mehr oder minder großer Grad von Wahrscheinlichkeit gegeben ist.«* Es müssen also Sachverständige in ihren Gutachten nicht zu einem hundertprozentigen Ergebnis kommen, sondern es soll der Grad der Wahrscheinlichkeit für das eine oder andere Ergebnis darstellt werden und gegeneinander abgewogen werden.

In oben zitierten Artikel der IfS-Informationen wird auf die Notwendigkeit von

- Wahrscheinlichkeitsangaben
- Arten der Wahrscheinlichkeitsermittlung
- Natur von Wahrscheinlichkeitsaussagen
- praktischer Sicherheit
- Überzeugung
- Art des Methodenfehlers
- naturwissenschaftlicher und juristischer Denkweise

hingewiesen mit der Zusammenfassung, dass Schlussfolgerungen in schriftlichen Gutachten gelegentlich noch heute ohne Angabe eines Wahrscheinlichkeitsgrads oder mit Sicherheit formuliert werden.

Dr. Kai Nissen weist in seinem Artikel »Sicherheit als Methodenfehler« in der Mitglieder-Zeitschrift des BVS 4/94 S. 25/26 auf folgende Punkte hin:

- Jeder Beweispunkt muss erschöpfend behandelt werden.
- Handelt es sich um ermittelte Kosten, ist anzugeben, ob die letzte Zahl als absolut oder als Schätzung in einer bestimmten Bandbreite gewertet werden muss. (Klocke, W.; Neimke, L: Der Sachverständige und seine Auftraggeber. 1. Auflage. Stuttgart: Fraunhofer IRB Verlag 2003, Kap. 3.1, S. 129)
- Handelt es sich um geschätzte Werte, sind diese mathematisch in der Endbewertung ohne Kommastellen zu runden.
- Ein Hinweis zur Mehrwertsteuer (zzgl. 19 % Mehrwertsteuer) muss vermerkt sein.
- Bei nötigen Kostenberechnungen sind diese in ihrem Rechenweg nachvollziehbar auszuweisen.

- Ggf. sind Einzelberechnungen einzubringen.
- Formelwege, wenn schon nicht neu entwickelt, so doch erklärt, gehören in ein Gutachten hinein, wenn die Materie, die behandelt wird, es verlangt.
- Die Aktualität einer Berechnungsart muss genannt werden. Gerade im Bauwesen sind Begriffe und Inhalte von Maßeinheiten im Zug der Umstellung auf europäische Geltung geändert worden. Neuere, genauere oder länderübergreifende Berechnungsarten haben alte Berechnungsarten ersetzt. Darauf muss hingewiesen werden.
- Auf die Aktualität einer DIN-Bestimmung muss hingewiesen werden.
- Europanormen sind mit ihren Quellen zu nennen, falls diese verwendet wurden.
- Angaben über die genutzte Literatur mit Hinweisen über Verfasser, Verlag, Ausgabejahr dürfen nicht fehlen. Derartige Angaben können auch zum Schluss eines Gutachtens gesondert aufgeführt werden. Wesentlich ist, dass auf die Literatur verwiesen wird, die tatsächlich verwendet wurde und nicht eine Sammlung von irgendwie zu nutzender Literatur genannt wird.
- Es sind Wertermittlungen vorzunehmen mit Angabe der Art, wie die Ermittlung erfolgt ist.
- Es sind ggf. die Methoden zu nennen, nach denen – wiederum nachvollziehbar – das Ergebnis entstanden ist, z.B. nach der Quotelungsmethode mit der Aufteilung in Prozenten.
- Feststellungen, wie es zu einem Schaden gekommen ist, wenn das im Rahmen einer Fallbearbeitung erforderlich ist.
- Handelt es sich um eine aktive Handlung, um Unterlassung oder unabwendbares Ereignis?

»Die nach § 485 Abs. 2 Nr. 2 ZPO zulässige Feststellung eines Sachmangels im selbstständigen Beweisverfahren kann auch die Festlegung der Quote der Verursachung aus technischer Sicht durch den Sachverständigen umfassen« (OLG München 12.09.97, Az. 28 W 2066/97). Nur so kann umgangen werden, dass in einem Gutachten genannte Prozentzahlen für Verursacheranteile nicht als Urteil im juristischen Sinn gesehen werden können. Der Sachverständige teilt ein Schadensbild aus technischer Sicht auf z.B. 20/30/50 %. Der Beteiligte, den er mit 50 % Anteil behaftet, muss nicht zugleich derjenige sein, der in einer prozessualen Auseinandersetzung als der Hauptschuldige verurteilt wird. Der Richter wird eine Schadensaufteilung aus juristischer Sicht vornehmen und gegebenenfalls zu einem ganz anderen Ergebnis kommen. Es gilt hier zwischen der technischen und juristischen Beurteilung genau zu unterscheiden.

Dem Sachverständigen steht eine juristische Bewertung eines Schadens nicht zu. Also wird der Sachverständige schreiben: »Aus technischer Sicht erfolgt nachfolgend die Quotelung des Schadensbildes«.

Im Weiteren wird er die begrifflichen Unterschiede genau herausarbeiten, wenn es erforderlich sein sollte:

- Wann ist eine Arbeit fehlerhaft?
- Wann besteht ein Mangel?
- Wann besteht ein Schaden?

Die Begriffe Fehler, Mangel und Schaden müssen aus der Sicht des Sachverständigen definiert und gegen die juristische Sicht der Begriffe abgegrenzt werden. Die einzelnen Begriffe sind eindeutig juristische Formulierungen, die aber dem Sachverständigen inhaltlich bekannt sein müssen. Juristen bemängeln häufig, dass die Sachverständigen die Inhalte zu den einzelnen Begriffen nur ungenau oder gar nicht trennen. Hier besteht ein großes Potenzial, Sachverständige mit ihren Gutachteninhalten anzugreifen.

Kenntnisse u. a. auf diesem Gebiet gehören zu der so oft genannten »besonderen Sachkunde« und werden bei jedem Sachverständigen einfach vorausgesetzt. Die Feststellung, wie es z. B. zu einem Mangel gekommen ist, gehört in ein Gutachten hinein, wenn sich die Beantwortung aus der Fragestellung ergibt.

Beispiel in einem Versicherungsfall: Bei der Betonierung einer Kellerdecke rutscht der Betontransporter in das lose eingeschüttete Erdreich vor einer Kelleraußenwand. Die Kelleraußenwände und die Kellerinnenwände aus Fertigteilen werden erheblich erschüttert und zeigen Rissbildungen, die nicht durch Verputzen beseitigt werden können. Der gesamte Keller muss ausgebaut und gegen neue Wandteile ausgewechselt werden.

In diesem Fall muss der Sachverständige genau analysieren, wie es zu dem Schaden gekommen ist und wo die Verursachung zu suchen ist.

- Fehlende Verdichtung des Bodens im Fahrbereich des Transporters?
- Fehlender Hinweis an den LKW-Fahrer auf einen nicht befahrbaren Bodenstreifen vor dem Keller?
- Fehlende Beobachtung des zu befahrenden Bodenstreifens vor dem Keller durch den Fahrer?
- Nicht genutzte Transportrinne des Betonwagens zur Überbrückung von geringen Entfernungen?
- Fehlender Hinweis des örtlichen Bauleiters, dass das Grundstück für den Betontransport vorab nicht besonders hergerichtet wurde.

Es ist in diesem Fall Aufgabe des Sachverständigen in jeder Richtung seine Untersuchungen anzustellen, da hier verschiedene Versicherungen zur Schadensregulierung einzuschalten waren. Ebenfalls ist in einem Gutachten darauf hinzuweisen, wenn die Zielbaummethode nach H.E. Aurnhammer als Hilfsmittel von Bewertungsproblemen genutzt wurde. Die Zielbaummethode ist nicht als bei Auftraggebern allgemein bekannt vorauszusetzen. Bei der Nutzung der Methode sollte auf den Sinn und Zweck in einem Vorspann hingewiesen werden.

Beispiel: Ein größeres leer stehendes Gebäude in guter Verkehrslage soll vermarktet werden. Ein Sachverständiger wird beauftragt Untersuchungen über eine vom Investor vorgesehene Nutzung als Seniorenzentrum mit Pflegestation anzustellen unter Berücksichtigung der Lage und der vorhandenen Substanz. Mit der Zielbaummethode wird der Sachverständige in seinem Gutachten nachvollziehbar und systematisch zu einem möglichen Nutzungsergebnis kommen.

Bei der Bewertung von Schadensbildern an einem Gebäude mit einer eventuellen Feststellung von Wertminderungen genügt es nicht, ein Ergebnis aus der örtlichen Begehung mit Bildern versehen aufzuschreiben. Der Leser will wissen, wie der Sachverständige dazu gekommen ist, z.B. einen Schaden als sehr auffällig zu bezeichnen und wie er damit zu dem Ergebnis kam, dass eine umfassende Sanierung des Gebäudes erfolgen muss. Nicht jeder Schaden muss beseitigt werden, nicht jeder Schaden kann vollständig beseitigt werden. Schadensbilder müssen ggf. hingenommen werden.

Beispiel: Bei einem auf der Grundstücksgrenze zum öffentlichen Grund errichteten Gebäude wurde im Gegensatz zu dem Ausschreibungsinhalt eine veränderte Außenwandkonstruktion gebaut. Die Wand ist dicker geworden, der Dämmwert hat sich aber erhöht. Das äußere Erscheinungsbild des Gebäudes ist anders ausgefallen als geplant.

Es ergeben sich Fragen, die der Sachverständige beantworten muss. Er nutzt Beurteilungshilfen, wie z.B. die Matrix zur Beurteilung optischer Mängel (Oswald, R.; Adel, R.: Hinzunehmende Unregelmäßigkeiten bei Gebäuden. 3. Auflage. Gütersloh: Bauverlag BV 1999/2001). Er wird erklären müssen, dass er nach einer Methode, die sich als Hilfsmittel für die Schadensbewertung bewährt hat, vorgegangen ist. Er wird in diesem Fall erläutern, dass es auffällige, gut sichtbare, sichtbare, kaum erkennbare und unwichtige Schadensbilder gibt, in die er sein vorgefundenes Schadensbild mit einer Begründung einordnen wird.

Auch aus diesem Beispiel ist zu erkennen, dass der Sachverständige neben seinen besonderen Fachkenntnissen sein Wissen um bekannte Hilfsmöglichkeiten zur Beurteilung eines Schadensbildes in ein Gutachten einbringen muss.

Er wird das Ergebnis seiner örtlichen Untersuchungen so aufbauen müssen, dass der Auftraggeber den »Weg zum Ziel« versteht. Entstehen Lücken auf diesem Weg wird der geübte Jurist diese Lücken erkennen und ein Gutachten zu Recht anfechten.

Sofern die Ursache für einen Schaden in einem Gutachten eine Rolle spielt, wird der Sachverständige darauf eingehen müssen, ob ein unabwendbares Ereignis, die Unterlassung eines Beteiligten oder aktives Handeln eines Beteiligten zu einem Schaden geführt hat. Im Hintergrund steht die Frage, wer für was zur Schadensbeseitigung beitragen muss.

Beispiel: Bei einer Ortbetontreppe in einem Neubau wird nach dem Ausschalen festgestellt, dass die Kopfhöhe zwischen zwei Treppenläufen zu niedrig ist. Der Sachverständige wird in seinem Gutachten nachvollziehbar darstellen müssen, wer für den entstandenen Schaden aufkommen muss.

- Der Architekt hat in der Schnittzeichnung eine zu geringe Kopfhöhe in den Entwurfsplänen eingetragen.
- Ein Tragwerksplaner hat die Ausführungspläne gezeichnet und die Statik der Treppe berechnet.
- Ein anderer Tragwerksplaner hat die Schalungs- und Bewehrungspläne gezeichnet.
- Ein Bauunternehmer hat die Treppe eingeschalt und den Beton geschüttet.
- Der die Baumaßnahme begleitende Sonderingenieur, evtl. auch Sachverständiger, bemerkt auch nach dem Ausschalen der Treppenläufe nicht die zu geringe Kopfhöhe, wie diese nach der örtlichen Bauordnung vorgeschrieben ist.

Auch in diesem Beispielfall bedarf es einer genauen Fallanalyse, die ausführlich in dem Gutachten Schritt für Schritt erklärt werden muss. Mit Sicherheit wird hier die schrittweise Hinführung des Lesers zum Ziel nur mit Untereinteilung des Kap. 6 erfolgen können.

Ein weiterer Ausführungsteil kann darin liegen, dass der Sachverständige nicht alle Gutachtenaufgaben allein durchgeführt hat. Er hat Helfer gehabt und hat Hilfsmaßnahmen vornehmen lassen, damit er zu seinem gewünschten Ergebnis gekommen ist. Er wird erklären müssen, warum

- er einen Gegenstand zur Untersuchung in ein spezielles Institut geschickt hat
- ein Untergutachter (Co-Gutachter) als Spezialist erforderlich wurde

- er etwas zerstören oder einen Gegenstand zerlegen musste, um zu einem Ergebnis zu kommen
- aufwändige Hilfskonstruktionen erforderlich waren um eine Untersuchung lückenlos durchzuführen
- aufwändige Vermessungen durchgeführt werden mussten
- chemische Untersuchungen extern durchgeführt werden mussten.

Kann der Auftraggeber die Gedankengänge des Sachverständigen nicht nachvollziehen, von der finanziellen Abwicklung von zusätzlichen Arbeiten ganz abgesehen, wird ein Gutachten für den genannten Zweck untauglich. Der Verlust der Entschädigung im gerichtlichen Fall oder der Verlust der Honorierung im privaten Fall ist möglich. Sich mit seinen Ausführungen in einer Fallabwicklung in die Lage des Auftraggebers zu versetzen, ist neben der fachlichen Falllösung eine Hauptaufgabe eines Sachverständigen.

Beispiel: Ein Gebäudekeller ist aus Außenwandfertigteilen errichtet worden. Schichtenwasser im Erdreich kann nach Angabe des Bauherrn zeitweilig höher als die Kellersohle stehen. Nach Bezug des Gebäudes wird ein Wassereinbruch zwischen Sohle und Außenwandfuß an mehreren Stellen festgestellt. Dem zugezogenen Sachverständigen werden Fotos aus der Bauzeit vorgelegt, die beweisen sollen, dass an den Schadensstellen mangelhaft gearbeitet wurde. Die Außenansicht der Kelleraußenwände ist im Bereich Sohle/Wände nicht einsehbar. Der Sachverständige kann ohne weitere Maßnahmen im Außenbereich nicht zu der Ursache der Schäden Stellung nehmen. Eine Außengrabung bis UK Sohle muss so großräumig erfolgen, dass in ca. 3 m Tiefe Untersuchungen am Wandfuß erfolgen können. Die Kosten für die Grabung sind aufwändig, da eine PKW-Zufahrt zum Nachbargebäude aufgenommen werden musste. Eine geschlossene Umzäunung wegen spielender Kinder musste errichtet werden. Für die PKWs des Nachbarn mussten feste Unterkünfte als Ersatz während der Grabungszeit besorgt werden, da dieser darauf bestand. Die Wiederherrichtung der Zufahrt und die Reinigung aller Pflasterflächen mussten berücksichtigt werden. Eine Pumpe musste während der Außenuntersuchung den Wasserspiegel unter der Sohlenunterkante halten.

Der Sachverständige kommt zu einem eindeutigen Ergebnis über die Außenbegehung. In seinem Gutachten muss er alle Schritte beschreiben, die dazu geführt haben, dass er letztlich die Schadensursache gefunden hat und die Schadensbeseitigung kostenmäßig schätzen konnte.

Im Rahmen einer Gutachtenerstellung kann es erforderlich werden, dass der Sachverständige einem Gericht oder einem privaten Auftraggeber, auch

Versicherungen, Wertvorstellungen von beschädigten oder zerstörten Sachen nachvollziehbar aufbereiten muss. Den tatsächlichen Wert einer Sache festzustellen, wird in vielen Fällen nur schwer zu vermitteln sein. Dieses gilt umso mehr, wenn es sich um Sachen handelt, die emotional belastet sind. Schäden, die z. B. bei einem Gebäudebrand entstehen und neben Gebäudeschäden zu Schäden an ganz individuellen Einrichtungsteilen geführt haben.

Der Sachverständige wird den objektiven Wert einer Sache ebenso wie den Geltungswert einer Sache feststellen müssen und den Gebrauchswert einer Sache beurteilen müssen. Welchen Wert hat eine Sache ganz individuell für den Einzelnen? Die ganze langjährige Erfahrung eines Sachverständigen wird gegebenenfalls gefordert werden um den Nachweis zu erbringen, dass eine beschädigte Sache nicht den Wert hatte, den der Geschädigte meint reklamieren zu können.

Beispiel: In einem Wohnhaus ist beim Einzug in das Gebäude eine große chinesische Bodenvase durch spielende Nachbarskinder beschädigt worden. Der Wert der Vase war zwar undokumentiert, soll aber beträchtlich sein. Die Vase ist über Generationen im Familienbesitz gewesen. Es wird vorerst davon ausgegangen, dass ein hundertprozentiger Verlust eingetreten ist. Der Schaden wird verschiedenen Versicherungen gemeldet. Der Eigentümer geht von einer erheblichen Schadenssumme aus, da er eine ähnliche Vase im städtischen Museum gesehen hat. Die Sachverständige einer Versicherung kommt zu dem Untersuchungsergebnis, dass eine Wiederherstellung der Vase durch modernste Brenntechniken ohne verbleibendes Schadensbild möglich sein wird. Der Eigentümer willigte zu der Schadensbeseitigung ein, da so die Vase optisch erhalten blieb. Zugleich entstand ein Minderwert, da die Vase nach der Schadensbeseitigung nicht mehr im Originalzustand war. Vom Ursprungswert der Vase ausgehend, der von der Sachverständigen recherchiert worden war, wurde der Restwert der Vase errechnet, und der Kostenausgleich herbeigeführt. Von dem Sachverständigen wurde umfangreiches Wissen über die Schadensdokumentierung und Schadensbeseitigungsmöglichkeiten in dem Gutachten verlangt. Nur so war es möglich, dass der Geschädigte verstand, warum der Restwert so und nicht anders ermittelt wurde.

Niemand wird einem Sachverständigen vorschreiben können, wie er zu einem Ergebnis kommt, wie schnell er zu dem Ergebnis kommt und wie umfangreich sein Gutachten ausfallen wird. Der Sachverständige wird sich daran messen lassen müssen, wie überzeugend sein Lösungsansatz, seine Kostenermittlung und seine Bewertung einer Sache ausfällt.

6.13 Die Zusammenfassung

Die Zusammenfassung ist gegebenenfalls als ein eigenständiger Punkt in einem Gutachten abzuhandeln. Der Sachverständige muss davon ausgehen, dass der Schluss des Gutachtens immer zuerst gelesen wird, da der Auftraggeber davon ausgeht, dass hier das für ihn interessante Ergebnis gezeigt wird. Erst wenn hier keine befriedigende Antwort auf den Auftragsinhalt erkennbar ist, wird zumindest eine Partei in einem gerichtlichen Fall sich intensiver mit dem Gutachteninhalt befassen. Gegebenenfalls wird jedes Wort von seinem Inhalt her gewichtet. Der Sachverständige muss begreifen, dass in der Regel in einem Rechtsstreit nur eine Partei siegen kann, es sei denn, mit seinem Gutachten wird ein Vergleich gefunden. Gerade, wenn ein Vergleich angestrebt wird, kann ein Richter den Gutachteninhalt gegebenenfalls so werten, dass eine Partei Bedenken zur Fortführung eines Rechtsstreits bekommt. In einem selbstständigen Beweisverfahren können durch den Sachverständigen aufgezeigte Schäden mit der Benennung der Beseitigungskosten zum Vergleich der Parteien führen.

Der Prozessvertreter, dessen Mandant in einer prozessualen Auseinandersetzung zu unterliegen droht, wird nichts unversucht lassen um ein vorliegendes Gutachten in Zweifel zu ziehen, was bei emotionsloser Betrachtung auch verständlich ist. Hierauf muss sich der Sachverständige einstellen. Während die eine Partei das Gutachten des Sachverständigen aus den verschiedensten Gründen lobt, lässt die andere Partei nichts unversucht Fehlstellen, Unklarheiten, unlogische Folgerungen usw. festzustellen oder andere Schwachstellen in dem Gutachten zu konstruieren, häufig auch mit emotional überhöhten Wortkonstruktionen.

Das Wissen um die vorgenannten Umstände soll den Sachverständigen nicht dazu verleiten in der Zusammenfassung gegebenenfalls festgestellte Zustände zu relativieren. Es gibt nur ja oder nein, oder nachvollziehbar aufbereitete Abweichungen von einem absoluten Ergebnis. Der Umfang der Zusammenfassung ergibt sich aus dem Auftragsinhalt. Geht es z.B. um eine Bewertung wird eine Zahl im Mittelpunkt der Zusammenfassung stehen. Diese ist aus dem Ergebnis der Bewertung her mathematisch gerundet. Wird ein Text erforderlich, hat dieser sich auf den Inhalt der Bewertung zu beziehen und stellt nur ein kurz zusammengefasstes Ergebnis her.

Beispiel zu einem Bewertungsgutachten: *»Die Bewertung des Gebäudes, Grundstückes usw. ergibt sich aus dem Inhalt des Gutachtens mit einem mathematischen Wert von €... inkl. oder zzgl. 19 % MwSt.*

Ich schätze den Wert der Sache auf €...«. Jetzt wird der vorher genannte Wert gerundet genannt.

Beispiel zu einem gerichtlichen Punktebeschluss mit Auslassung eines oder mehrerer Punkte wegen Nichtzuständigkeit: *»Die Bewertung aller in dem Beweisbeschluss genannten Punkte wurde in dem Punkt 6. benannt. Die Punkte ... in dem Beweisbeschluss wurden mit Zustimmung des in dem Verfahren vorsitzenden Richters wegen meiner fehlenden Zuständigkeit nicht bearbeitet.«*

Keinesfalls darf es passieren, dass bei der Zusammenfassung noch einmal Argumente für oder gegen eine getroffene Entscheidung bei der Bewertung vorgebracht werden. Der Schluss hat eindeutig zu sein. Im Sonderfall sind die Alternativergebnisse neben dem von dem Sachverständigen ermittelten Ergebnis ohne Kommentar in einer Reihenfolge zu nennen. Es sollte der Logik gefolgt werden, dass an erster Stelle das Ergebnis genannt wird, welches von dem Sachverständigen als das für ihn plausibelste Ergebnis angesehen wird.

Nach der Zusammenfassung folgt das Gutachtenende mit der Datumsnennung, der eigenhändigen Unterschrift (auf jedem Gutachtenexemplar) und – wenn eine öffentliche Bestellung und Vereidigung vorliegt – der Rundstempel. Die Archivnummer kann ebenfalls zum Ende gesetzt werden. Die Bestellungskörperschaften haben i. d. R. in den bei der öffentlichen Bestellung dem Sachverständigen überlassenen Unterlagen Verhaltenshinweise gegeben.

Der private Sachverständige kann hier seinen Firmenstempel setzen, der sich deutlich in der Formgebung von dem Stempel unterscheiden muss, den der öffentlich bestellte Sachverständige nutzt.

Ist der private Sachverständige Architekt oder Ingenieur in einer Kammer, so ist er bereits im Besitz eines Rundstempels, den er im privaten Bereich verwenden kann. Die aus flüchtiger Sicht vorhandene Gleichheit zu dem Stempel des ö. b. u. v. SV kann dessen Verwendung nicht verhindern. Der Architekt oder Ingenieur verwendet nur, was ihm von seiner Kammer als Stempel überlassen ist, er hat die Stempelform nicht selbst verursacht.

Nicht erforderlich ist es, dass der Sachverständige den Hinweis »Das Gutachten wurde nach bestem Wissen und Gewissen erstellt« verwendet. Die Überflüssigkeit ergibt sich daraus, dass sowohl im gerichtlichen als auch im privaten Bereich Auftraggeber davon ausgehen, dass der beauftragte Sachverständige in dem bearbeiteten Fall eine besondere Sachkunde besitzt. Diese besondere Sachkunde hebt den gewählten Sachverständigen aus der Masse sonstiger Fachleute auf dem zu bearbeitenden Fachgebiet heraus. Der öffentlich bestellte Sachverständige hat einen Eid darauf geleistet, dass er seine besondere Sachkunde genutzt hat, um zu einem richtigen Gutachtenergebnis zu kommen.

Trotzdem besteht die Möglichkeit, dass Gerichte auf diesen Textzusatz bestehen und es wird i. d. R. bereits in dem Auftragsanschreiben auf diesen Umstand hingewiesen. Ist ein solcher Hinweis vorhanden, dann sollte der Sachverständige diesem auch folgen.

Der Hinweis: »Das Gutachten besteht aus ... (Anzahl nennen) Textseiten und dem Anhang« darf nicht fehlen. So wie in einem Anschreiben zu einem gerichtlichen Gutachtenauftrag die Seitenzahlen genannt werden, die dem Sachverständigen ausgehändigt werden, so ist es auch erforderlich die Seitenzahlen des Gutachtens zu nennen, wobei das Deckblatt als beschriebene Seite mitgezählt wird. Gegebenenfalls dient dieser Hinweis im gerichtlichen Bereich auch dazu, dass der Kostenbeamte die Gutachtenabrechnung überprüft, in der die beschriebenen Seitenzahlen genannt werden.

6.14 Anlagen und Dokumentation

Wie bereits unter Kap. 5.18 beschrieben, wird der Sachverständige die für den bearbeiteten Fall erforderlichen Unterlagen beifügen. Falsch wäre es hier eine Beschränkung vorzunehmen, eventuell vor dem Hintergrund Kosten sparen zu wollen. Es ergibt sich aus dem Bearbeitungsgebiet und der Auftragsart, welchen Umfang die Dokumentation bekommt.

Beispiel: Bei der Bewertung eines Gebäudes wird immer der Kaufpreis, den ein Besitzer gezahlt hat, eine wesentliche Rolle spielen. Der Kaufpreis ist in einem Kaufvertrag dokumentiert.

Die Seite des Kaufvertrages mit Kaufpreis und dem Datum des Vertragsabschlusses gehören dann zu der Dokumentation. Ob ein gesamter Vertrag mit allen Einzelheiten zu dem Gutachtenanhang gehören muss, liegt in dem Ermessen des Sachverständigen.

Beispiel: Ein Gebäude sollte nach den Vorgaben, die in einer Baubeschreibung dokumentiert wurden und einem Kaufvertrag angehängt wurden, renoviert werden. War es die Aufgabe des Sachverständigen zu überprüfen, ob alle Leistungen nach dieser Baubeschreibung ausgeführt wurden, dann muss diese Baubeschreibung aus dem Kaufvertrag dem Gutachten beigefügt werden. Nur so kann der Auftraggeber die geforderten Baumaßnahmen mit den ausgeführten Baumaßnahmen vergleichen und feststellen, ob er die vertraglich zugesicherte Leistung erhalten hat.

Der Sachverständige versetze sich in die Situation seines Auftraggebers, der – als Laie – nachvollziehen muss, wie der Sachverständige zu seinem

Gutachtenergebnis gekommen ist. Nur mit den beigefügten Unterlagen, gleich welcher Art, wird er den Textteil des Gutachtens verstehen können.

Die für die Gutachtenerstellung relevanten Literaturfundstellen sollten im Dokumentationsanhang genannt werden. Es wurde bereits darauf hingewiesen, dass die genannten Fundstellen zu Literatur und Internet sich nur auf den behandelten Fall beziehen sollen.

Beispiel: In einem gerichtlich anhängigen Streit um die Höhe eines Architektenhonorars sind weder das ganze JVEG noch die HOAI mit dem Teil I und/oder Teil II beizufügen. Es ist lediglich der Hinweis vorzusehen, dass das JVEG und/oder die HOAI mit dem Datum der verwendeten Ausgabe zur Aufgabenlösung genutzt wurde. Wurde ein Kommentar zu einer Gebührenordnung verwendet, so ist dieser zu nennen. Kommentare können inhaltlich zu einzelnen Bestimmungen voneinander abweichen. So besteht die Möglichkeit, dass interessierte Auftraggeber oder beteiligte Juristen sich nach eigenem Erfordernis die Literaturfundstellen selbst heranziehen können.

Unter dem Kap. 5.18 wurde bereits darauf hingewiesen, dass die Dokumentation im Regelfall zu dem Gutachten in eine gemeinsame Bindung eingefügt wird. Wird ein Fachgebiet bearbeitet, bei dem die Aufgabe eine große Anzahl von Fotos oder zeichnerischen Unterlagen zur Erklärung erfordert, dann sollte ein eigener Dokumentenband angelegt werden. In dem Gutachten erscheint dann lediglich ein Hinweis mit der Anzahl der Dokumentationsbände. Jeder Band selbst muss ein eigenes Inhaltverzeichnis erhalten. Sind Untergutachter oder Institute beauftragt worden, so sollten deren Feststellungen getrennt von dem Gutachten gebunden werden oder beigefügt werden. So wird darauf hingewiesen, dass es sich bei diesen Stellungnahmen nicht um Wissensteile des Sachverständigen handelt und unter dem Pkt. 2.00 des Gutachtens muss entsprechend hingewiesen werden.

Zu wenig beigefügte Unterlagen können zu Nachfragen führen, zu viele Unterlagen können verwirren und ebenfalls zu Nachfragen führen. Es gibt keine allgemeingültige Dokumentationsanforderung, was die Menge der beigefügten Unterlagen betrifft.

Beispiel: Bei einer Wertermittlung von Reihenhäusern für eine vorgesehene Straßenverbreiterung, hat der Sachverständige in der überwiegenden Zahl der Häuser Angaben über den Kaufpreis der Häuser bei der Erstellung zur Einsicht erhalten. Für jedes Haus war ein eigenes Gutachten zu erstellen und in die einzelnen Gutachten gehörten nicht die Kaufpreisdaten der Nachbarhäuser hinein. Die Daten hatte der Sachverständige nur für seine Arbeit erhalten und nicht zur Weitergabe an Dritte.

7 Anhang

Die nachfolgenden Hinweise sollen es dem Leser ermöglichen einen Zusammenhang zu anderen Punkten der Gutachtenerstellung zu erarbeiten. Das soll nicht bedeuten, dass der Leser die Möglichkeit bekommt »ohne eigenes Denken« Textpassagen abzuschreiben. Ob ein Gerichtsgutachten als Grundsatzbeispiel, Formblätter zur Arbeitserleichterung, oder Literaturfundstellen genannt werden, in jedem Fall muss der Leser für einen anstehenden Fall die genannten Beispiele in für seinen Arbeitsbereich zu nutzende Formen ergänzen oder variieren.

Allein im Bereich des Bauwesens, ohne den Tiefbau, gibt es eine große Zahl von Sachverständigengebieten, besonders wenn die handwerklichen Bereiche hinzugerechnet werden. Von dem IfS – Institut für das Sachverständigenwesen gibt es im Internet eine Auflistung aller im gegenwärtigen Zeitraum von den IHKs als bestellfähig angesehenen Sachgebiete. Hinzu kommen weitere Bestellungskörperschaften mit eigenen Bestellungsgebieten, so z. B. die Architekten- und Ingenieurkammern und die Handwerks- und Landwirtschaftskammern. Ein einfaches Abschreiben aus Fundstellen der Literatur würde bei der Gutachtenerstellung zum Misserfolg führen. Immer werden die Bestellungskörperschaften mit ihren Prüfungsausschüssen darauf achten, dass der Sachverständige in der Lage ist selbstständig seinen Fachbereich zu bearbeiten. Es gehört zu den grundlegenden Aufgaben eines Sachverständigen, dass er sich darüber informiert, ob es für sein gewähltes Sachverständigengebiet eventuell Besonderheiten zu den erforderlichen Inhalten gibt.

Die Bestellungskörperschaften mit ihren Fortbildungseinrichtungen bieten Lehrgänge an, in denen gemeinsam Probegutachten geschrieben und besprochen werden.

7.1 Ein Gerichtsgutachten als Grundsatzbeispiel

Der Sinn des Buches wäre verfehlt, wenn an dieser Stelle ein komplettes Gutachten aus irgendeinem Fachgebiet wiedergegeben würde. Hier können nur die auf die einzelnen Inhaltsteile hinweisenden Einleitungen aufgezeigt werden. Alle fachlichen Bezüge müssen aus jedem Gutachtenfachbereich selbstständig hinzugefügt werden.

Die Blattaufteilung des Deckblatts sollte so erfolgen, dass Zweck, Gericht und Parteien herausgehoben geschrieben werden. Auf einen eventuell farbigen

Blatthintergrund oder Symboldarstellung zu dem Fachgebiet wurde bereits hingewiesen.

Sind in einem Fall Nebenintervenienten (Streithelfer) involviert, so sind diese im Register mit Anschrift und mit ihren Prozessvertretern zu nennen.

7.1.1 Deckblatt mit Gutachteninhalten (Beispiel)

Dipl.-Ing. Fred Immermann, Freier Architekt. Von der Industrie- und Handelskammer in Oldenburg öffentlich bestellter und vereidigter Sachverständiger für das Fachgebiet Schäden an Gebäuden.
Rosenstraße 28
...... Oldenburg
Tel. ....
Fax ....
E-Mail ....

Gutachten zum Zweck der Beweissicherung vor dem Landgericht in Oldenburg

Fa. Semmelweiser ./. Herbert Willenbrink

Geschäfts-Nr. 28 – O – 1987/2008

4. Gutachtenausfertigung
Archivnummer: 48/2007

Seite 1 des Gutachtens:

Register (Beispiel):

7.1.2   Auftrag und Zweck des Gutachtens (Beispiel)

Mit Datum vom ... erteilt mir das Landgericht Oldenburg unter der Geschäfts-Nr.
... den Auftrag, ein schriftliches Gutachten zu den in dem Beweisbeschluss vom
... genannten Punkten abzugeben.

Es soll Beweis erhoben werden über ... (es folgen jetzt die aus der Gerichtsakte
abgeschriebenen Beweispunkte in der genauen Reihenfolge wie in der Akte ge-
nannt, ggf:»Der vollständige Beweisbeschluss ist dem Gutachten als Kopie unter
Pkt. 7.00 beigefügt«).

Antragsteller:
Fa. Semmelweiser,
vertreten durch den Geschäftsführer Herbert Freiling,
Reisweilerstr. 66, 27869 Baumort

Prozessbevollmächtigte:
RAe. Schlunk & Breitmann
Rabenschreinerstr. 28, 27869 Baumort

Antragsgegner:
Herbert Willenbrink
Rübenstiege 2, 27869 Baumort

Prozessbevollmächtigte:
RAin. Annegret Robreck
Heineallee 265, 27869 Baumort

Sind in einem Fall Nebenintervenienten involviert, so sind diese hier mit Anschrift und ihren Prozessvertretern zu nennen.

Das Gutachten wird in fünf Originalen und einem Handaktenstück erstellt. Das Textdokument der örtlichen Begehung sowie die nicht im Gutachten verwendeten Fotos (Anzahl) werden zusammen mit dem Handaktenstück archiviert.

7.1.3 Unterlagen zu dem Gutachten

Unterlagen (Beispiel):

Zur Einsichtnahme lagen mir für die Gutachtenbearbeitung vor:

- *Die Gerichtsakte mit den Seiten 1–26*
- *Ein Anlagenkonvolut mit 2 Ordnern, jeweils mit einem Index versehen.*
- *Bei der 1. örtlichen Begehung mit Zustimmung aller Beteiligten mir übergebene 5 Stck. Bauzeichnungen 1:50 (KG/EG/1. OG./2. OG./Schnitt) vom 28.06.00).*
- *Mit Datum vom ... mir von den Prozessvertretern des Antragstellers zugestellte zwei Schriftstücke (Datum, Aktenzeichen, Seitenzahlen).*
- *Mit Datum vom ... wurden mir vom Gericht weitere Unterlagen, wie nachgenannt aufgeführt, zugestellt, mit dem Hinweis, diese für die Gutachtenerstellung ggf. zu verwenden.*

Alle genannten Unterlagen wurden vollzählig nach der Gutachtenbearbeitung an die Absender zurückgegeben. Kopien wurden nur gefertigt, soweit diese in das Gutachten unter Pkt. 7.00 – Dokumentation) eingefügt wurden. Archiviert wurde das vollständige Handakten-Exemplar.

7.1.4 Beschreibung des Objekts

Hier folgt die Objektbeschreibung wie das Objekt aus eigener Anschauung gesehen wurde. Es werden keine Schlussfolgerungen aus der eigenen Anschauung in diesem Punkt gezogen.

In einem Hinweis kann vermerkt werden, dass das Objekt ausführlich und für alle Beteiligten verständlich bereits in dem Schriftsatz vom ... (siehe ff der Gerichtsakte) beschrieben wurde. Die Beschreibung soll kurz sein und sich auf das Wesentliche beschränken, Fotos können die Beschreibung sehr gut ergänzen.

7.1.5 Grundlagen für die Objektbegehung

Vor Beginn der Begehung wurden den Teilnehmern die zu begehenden Beweispunkte aus der Gerichtsakte verlesen. Es konnten alle Beweispunkte besichtigt werden. Es wurden bei dieser ersten Begehung nur visuell erkennbare Feststellungen getroffen. Je nach den örtlichen Umständen müssen eigenständige Formulierungen gefunden werden, die die besonderen Umstände bei einer Ortsbegehung beschreiben.

Beispiel:
Nach vorheriger schriftlicher und termingerechter Einladung erfolgte am ... eine örtliche Begehung, an der teilnahmen:

Herr Herbert Freiling, Geschäftsführer der Fa. Semmelweiser
Herr Friedhelm Meirich, Betriebsleiter der Fa. Semmelweiser
RA. Schlunk, RAe. Schlunk & Breitmann
Herr Willenbrink, Hauseigentümer
Herr Friedhelm Willenbrink, Sohn des H. Willenbrink
RAin. Robreck
Dipl.-Ing. Immermann, Sachverständiger
Frau Regallo, Mitarbeiterin von Dipl.-Ing. Immermann

Die Anwesenheitsliste mit den Namen der Beteiligten und deren Funktion in Bezug auf das besichtigte Objekt ist dem Gutachten beigefügt.

Mögliche Textbausteine hierfür sind:

- *Termingerecht war für 10.00 Uhr vor dem zu begehenden Objekt ... (örtliche Zuordnung) eingeladen worden. Die Begehung wurde um 10.20 Uhr begonnen. Alle Teilnehmer nahmen bis zum Ende an der Begehung teil.*
- *Statt des Antragstellers wurde dieser vertreten durch ... Eine Vertretungsvollmacht wurde vorgelegt. Hinweis ob diese Vollmacht beglaubigt war oder nicht.*
- *Die Begehung wurde wegen Unstimmigkeiten zwischen den Parteien um ... Uhr abgebrochen (Gründe werden nicht genannt).*
- *Die Begehung wurde um ... beendet, da eine Partei den Ortstermin verließ.*
- *Mit allen Beteiligten bei der Ortsbegehung wurde vereinbart, dass ein zweiter Begehungstermin zur Öffnung von Fußbodenbereichen für den ... vorgesehen wurde. Es wurde vereinbart, dass eine gesonderte schriftliche Einladung*

an alle Beteiligten erfolgt. Der vorzusehende Termin wurde einvernehmlich festgelegt.

- *Zu der zweiten Begehung wird von dem Antragsteller eine Fachkraft mitgebracht, die auf Anweisung durch mich mit Zustimmung aller Beteiligten bei dem Termin eine Bauteilöffnung vornehmen wird.*
- *Verlassen Personen während der Begehung die Örtlichkeiten, so sind die Uhrzeiten mit Namen zu dokumentieren.*
- *Es konnten die Kellerräume nicht begangen werden, da die elektrische Beleuchtung ausgefallen war. Alle Beteiligten waren sich darüber einig, dass die Begehung wegen der Wichtigkeit nachgeholt werden muss. Die Instandsetzung der Beleuchtung wird in der Zwischenzeit vom Antragsteller vorgenommen.*
- *Vor Beginn der Begehung wurden den Teilnehmern die zu begehenden Beweispunkte aus der Gerichtsakte verlesen.*
- *Es konnten alle Beweispunkte besichtigt werden. Es wurden bei dieser ersten Begehung nur visuell erkennbare Feststellungen getroffen.*

Je nach den Fachgebieten der Sachverständigen müssen eigenständige Formulierungen gefunden werden, die die besonderen Umstände einer Objektbegehung beschreiben.

7.1.6 Örtliche Feststellungen

Hier werden alle Einzelpunkte des Beweisbeschlusses abgearbeitet. Es wird nur beschrieben, was der Sachverständige selbst in Bezug auf die Beweispunkte gesehen hat (Ist-Zustandsbeschreibung, der Augenscheinbeweis).

Weitere Möglichkeiten von einschränkenden Bedingungen:

- Wird dem Sachverständigen eine Zustandsbeschreibung genannt, die er selbst nicht hat kontrollieren können, so muss die Person genannt werden, die die Angabe gemacht hat »nach Angabe von ... ist eine Sache so und so zu sehen«. In jedem Fall muss erkennbar sein, dass der Sachverständige die beschriebene Sache nicht selbst gesehen hat.
- Bei einfachen Punktefällen können die Inhaltspunkte 5.00 und 6.00 eines Gutachtens zusammengefasst bearbeitet werden. Zuerst die Feststellungsbeschreibung, dann unmittelbar danach die Bewertung. Ganz besonders wenn Kosten genannt werden müssen, bietet sich diese Form der Abwicklung an. Jeder Beweispunkt erhält sein eigenes Ergebnis. In der Zusammenfassung wird dann – wenn erforderlich – die Gesamtsumme der

Einzelpunkte genannt. Sind umfängliche Erklärungen zu angetroffenen Sachverhalten in Textform nötig, so ist die Trennung der Inhaltsteile 5. und 6. für die bessere Lesbarkeit von Vorteil.

7.1.7 Bewertung

Jetzt folgen die Schlussfolgerungen aus der erfolgten Besichtigung genau den Beweispunkten folgend. Je nach der Aufgabenstellung wird dieser Absatz mehr oder weniger umfangreich ausfallen. Es sind besondere Umstände zu nennen, auch als Vorspanntext möglich, die sich auf die Qualität von Messgeräten, die Genauigkeit von Messergebnissen, Kostenspannen bei Schätzungen, Art der Kostenermittlung, Wahrscheinlichkeitsgrad des genannten Ergebnisses beziehen.

Beispiel: Ein Sachverständiger wurde vom OLG Frankfurt (WK 03.10.07) wegen grober Fahrlässigkeit zur Zahlung eines Schmerzensgeldes verurteilt. Der Sachverständige hatte keine Angabe darüber gemacht, ob und welche Möglichkeiten als Ergebnis in Frage gekommen wären. Die Richter urteilten: »wenn Zweifel angezeigt seien, müsse der Gutachter diese auch deutlich machen«.

Aus diesem Urteil kann abgeleitet werden, dass der Sachverständige sich immer wieder vorhalten muss, zu klaren Aussagen zu kommen, die begreifbar, d. h. nachvollziehbar sind:

- Der Sachverständige muss Angaben über mögliche Bandbreiten bei erfolgten Kostenschätzungen machen, er darf kein absolutes Ergebnis vortäuschen, wenn tatsächlich die Möglichkeit einer bestimmten Spannbreite im Rechenergebnis möglich ist. Er wird bei dieser Situation in einem Textvorspann erklären wie und in welcher Genauigkeitsdimension das Ergebnis zu sehen ist.
- Der Sachverständige muss Verursacherquoten in einem Schadensfall nennen, wenn mehrere Verursacher in Betracht kommen. Nach dem Urteil des OLG München vom 12.09.97, Az. 28 W 2066/97 ist es zulässig, wenn der Sachverständige zur Feststellung eines Sachmangels im selbstständigen Beweisverfahren auch die Festlegung der Quote der Verursachung aus technischer Sicht nennt.
- Er muss darauf hinweisen, dass ein bestimmter Punkt in dem Beweisbeschluss nach Rücksprache mit dem zuständigen Richter nicht bearbeitet wurde, weil dieser außerhalb des Bestellungsgebiets des Sachverständigen lag. Datum des Gesprächs und der Name des Richters sind zu nennen.

- Es muss darauf hingewiesen werden, wenn Untergutachter, Fachinstitute usw. beauftragt wurden einen oder mehrere Punkte mit Zustimmung des Gerichts zur Bearbeitung gesondert zu bearbeiten.
- Sind Untergutachter usw. beschäftigt worden, so muss die Stellung des Sachverständigen zu diesen erklärt werden, z. B. »die organisatorische Leitung für die Tätigkeit des Untergutachters erfolgte durch ... (durch mich, durch Mitarbeiter aus meinem Büro usw.)«
- Es muss darauf hingewiesen werden, welche in Bezug auf den anstehenden Fall und Zeitpunkt geltenden Bestimmungen herangezogen wurden, wie u. a. Normen, Regeln der Technik, Berechnungsarten.

Beispiel: Ein Institut wird beauftragt thermohygrographische Aufzeichnungen von Raumtemperaturen in Abhängigkeit von Tageszeiten durchzuführen. Der Sachverständige bestimmt, wo die Aufzeichnungsgeräte aufgestellt werden und ist anwesend, wenn die Ablesungen erfolgen und leitet den ganzen Aufzeichnungsablauf.

Allein die aufgeführten Beispiele zeigen, dass in diesem Gutachtenabschnitt der Sachverständige sein ganzes Wissen sowohl aus seinem Fachgebiet als auch in der Gutachtenabwicklung einbringen muss. Der Sachverständige wird sich daran messen lassen müssen, wie überzeugend sein Lösungsansatz, seine Kostenermittlung, seine Bewertung in einer Sache ausfällt.

Entscheidend ist nicht, was der Sachverständige leistet, wie viel Zeit, Mühen und Auslagen er aufgewandt hat, sondern welche Leistungen erkennbar von ihm gefordert wurden, und welche Angemessenheit in seinen Bemühungen lagen. Der Sachverständige denke daran, dass die letzte Gutachtenseite immer zuerst gelesen werden wird. Hier erhofft sich der Auftraggeber, gleich ob im Gerichts- oder Privatauftrag, das für ihn günstige Ergebnis herauszulesen.

7.1.8   Zusammenfassung

Je nach Bearbeitungsart eines Gutachtens wird die Zusammenfassung des Gutachtenergebnisses in Punkteform, in Textform, oder in Zahlenform erfolgen. Zusammenfassen heißt hier, dass der Extrakt aus allen Überlegungen zu dem bearbeiteten Fall geboten wird. Es darf nicht passieren, dass die Zusammenfassung inhaltlich abweicht von den Einzelergebnissen, z. B. in einem Punktebeschluss.

Beispiel: Die tatsächlich entstehenden Kosten für die Schadensbeseitigung müssen durch einen Baufachmann über eine Leistungsausschreibung ermittelt werden. Hier wird von einer Schätzspanne von +/-12 % ausgegangen. Ein derartiger Hinweis erfolgt nur dann, wenn in einem Gutachtenauftrag danach gefragt ist wie hoch die Differenz zwischen der Kostenschätzung und den tatsächlich entstehenden Kosten zu kalkulieren ist.

- *Aus der vorgenannten Auflistung aller Einzelpositionen für die Kosten der Schadensbeseitigung ergibt sich die Gesamtsumme in Höhe von € ....*
- *Zzgl. 19 % Mehrwertsteuer* € ....
- *Insgesamt:* € ....
- *Gerundet als Kostenschätzung:* € ....

Weitere mögliche zusammenfassende Hinweise:

- *Nach Beseitigung aller Schäden wird das Objekt ohne Einschränkung wieder zum gedachten Zweck nutzbar sein.*
- *Eine Wertminderung ergibt sich an dem Objekt aus der vorgenannten Berechnung in Höhe von ... %.*

Zum Schluss folgen Datum, Unterschrift des SV und Rundstempel und der Hinweis aus wie vielen Seiten mit Anhang das Gutachten besteht.

7.1.9 Anlagen und Dokumentation

Aus den unter Pkt. 2.00 des Gutachteninhalts genannten Unterlagen wird der Sachverständige die für den Fall relevanten Unterlagen dem Gutachten beifügen. Einzelheiten sind bereits in den vorhergehenden Kapiteln genannt worden. Weitere Hinweise zur Definierung von besonderen Umständen:

- Werden eine größere Anzahl von Fotos beigefügt, so sind diese durchlaufend zu nummerieren.
- Sind weitere Unterlagen beigefügt, muss erkennbar sein, von wem diese Unterlagen stammen. Briefköpfe, Urkundensiegel, Namensausdrucke auf Zeichnungen sind hier verwendbar.
- Zur Beurteilung vorgelegte Gegenstände wurden fotografiert. Die Fotos sind der Dokumentation beigefügt, usw.

Das Gutachten ist damit fertig gestellt und muss noch gebunden werden. Es ist eine Urkunde, die nicht in einzelne Blätter zerfallen darf. Bindungen mit Klarsichthüllen und einer Leimbindung sind heutiger Standard. Entsprechende Bindegeräte sind im Handel erhältlich. Alle ausgefertigten Gutachtenexemplare müssen absolut gleichwertig sein, jedes Exemplar ist zu unterschreiben.

Es erfolgt noch die Nachkalkulation aufgrund der erfolgten Zeiterfassung für alle Tätigkeiten, damit die Rechnung geschrieben werden kann. Diese wird im gerichtlichen Fall zweifach den Gutachtenexemplaren beigefügt. Im Büro verbleibende Unterlagen, die nicht von dem (den) Auftraggeber(n) stammen, werden archiviert (Zehn-Jahresfrist für Archivierungen beachten).

7.2 Formblätter und Hinweise für die Gutachtenabwicklung

Sachverständige sind in den meisten Fällen »Einzelkämpfer«. Aus der Bestimmung der Bestellungskörperschaften, dass der Sachverständige persönlich in jedem Fall tätig werden müsse, ist eine kleinteilige Bürostruktur abzuleiten. Um wirtschaftlich und erfolgsorientiert zu arbeiten, wird jeder Sachverständige versuchen, sich wiederholende Tätigkeit zu rationalisieren. Geeignet sind hier Auftragschreiben, Auftragsbestätigungen, Abrechnungsdatenblätter, Einladungsschreiben zu Ortsterminen, Teilnehmerbestätigungen an Ortsterminen und Zeiterfassungsbögen, usw. Aus diesen Aufzeichnungen werden die für ein Gutachten relevanten Informationen in das Gutachten übernommen.

Nachfolgend sind einige derartige Unterlagen aufgeführt, die sich im langjährigen Betrieb eines Sachverständigenbüros bewährt haben.

Jeder Sachverständige muss für sich selbst prüfen, wie er seinen Bürobetrieb rationalisieren kann. Insofern können die gezeigten Blätter nur als Hinweise gesehen werden. Besonders Auftragsschreiben an private Auftraggeber sollten mit einem Juristen zusammen erarbeitet werden. Für Entschädigungsabrechnungen bei Gerichten nach dem JVEG gibt es sehr gute Beispiele in der entsprechenden Literatur, auf die in Kap. 7.5.2 hingewiesen wird.

Nicht abgedruckt ist die HOAI, da diese für Honorierungen von Sachverständigenaufgaben nicht mehr herangezogen werden kann. Ebenso ist das JVEG als Abrechnungsgrundlage für die gerichtliche Tätigkeit und die Honorierung von Versicherungsgutachten nicht in dem Buch enthalten.

Hier wird davon ausgegangen, dass jeder Sachverständige die für seinen Aufgabenbereich erforderliche Abrechnungsgrundlage mit den entsprechenden Zusatzinformationen selbst in aktueller Ausgabe besitzt. Besonders geeignet sind Ausgaben mit Kommentierungen, da hier der Sachverständige auf Problembereiche hingewiesen wird. Ohnehin wird kein Sachverständiger darauf verzichten können, sich eine grundsätzliche Literaturausstattung zuzulegen und die Aktualität zu pflegen.

7.2.1   Muster für eine gerichtliche Auftragsbestätigung

Amts-/Land-/Oberlandesgericht Bremen
PLZ Bremen

Bremen, den................

Geschäfts – Nr.:.................................
Beweisverfahren (.....) Rechtsstreit (.....)

Dankend bestätige ich den Eingang des Gutachterauftrages vom...................Die Akte in der vorgenannten Sache ist mit Datum vom ....bei mir eingegangen.
Der zu begutachtende Sachverhalt fällt nach dem JVEG (§9) in eines der nachgenannten Sachgebiete, bzw. in das gesondert genannte Gebiet.
Schäden an Gebäuden nach der Honorargruppe 6   € 75.-/Std. (....)
Honorare für Architektenleistungen nach der Gruppe 7 € 80.-/Std. (....)
anderes Fachgebiet....................................Gruppe...... €....................
Zuzüglich der Mehrwertsteuer in Höhe von 19%.
Der in dem Auftragschreiben genannte Kostenvorschuss ist:

> *ausreichend   (.......)*
> *knapp bemessen   (.......)*
> *nicht ausreichend (.......)*

Gegebenenfalls werde ich mich wegen einer Erhöhung (nach JVEG) rechtzeitig mit Ihnen in Verbindung setzen. Zurzeit ist noch nicht zu übersehen, ob und welche weiteren Unterlagen zur Beurteilung der Sache benötigt werden.
Eine örtliche Begehung wird erforderlich (...)wird nicht erforderlich (...)

Mit freundlichen Grüßen

7.2.2 Muster für die Einladung zu einem Ortstermin

Rechtsanwälte
Schlunk & Breitmann
Rabenschreinerstr. 66
27869 Bremen

Datum:...............................

Durchführung einer Begehung, Ihr Az:..
Fa. Semmelweiser ./. Willenbrink   Geschäfts-Nr. ....

In der vorgenannten Sache bin ich mit Datum vom.... durch das Amts-(...)/
Land-(...)/Oberlandes-(...)Gericht zum Sachverständigen bestellt worden.
Zur Beurteilung der in dem Beweisbeschluss genannten Punkte bitte ich die
Parteien, bzw. deren Prozessvertreter, zu einem Ortstermin
am 20.04.06 10.00 Uhr, Schrobestr. 34, 28657 Bremen, vor der Hofzufahrt.
Ich bitte dafür Sorge zu tragen, dass die Besichtigung aller in dem
Beweisbeschluss genannten Punkte möglich ist.
Auch wenn die in dem Beweisbeschluss genannten Mängel inzwischen be-
hoben sein sollten, ist deren Besichtigung erforderlich.
Nimmt eine der Parteien ohne Begründung an dem Besichtigungstermin nicht
teil, so gehe ich davon aus, dass der Termin auch ohne die fehlende Partei
durchgeführt werden kann.

Der Sachverständige....................an die Parteien über deren Prozessvertreter
Gericht z.K.

--
Rückantwort bitte umgehend an mich zurück.

An dem Termin nehme ich (....) ein Vertreter (...), mein Mandant (...) teil.

Datum...Unterschrift................................

Namen des Sachverständigen
Straße
Stadt

7.2.3 Muster für eine Teilnehmerliste bei einem Ortstermin

Die Namen werden i. d. R. vor Ort handschriftlich eingetragen, da vor einer Begehung nicht sicher ist, wer kommen wird. Die Liste kann dem Gutachten unter dem Punkt »Dokumentation« beigefügt werden und dient als Nachweis über die Teilnahme der genannten Personen.

Gutachten Fa. Semmelweiser ./. Willenbrink, Landgericht Bremen
Geschäfts-Nr...
Begehungstermin am ....   10.00 Uhr

Teilnehmerliste der Begehung.
Mit der Bitte um deutliche Unterschrift und Funktionsangabe

Herr Freiling	*Geschäftsführer Fa. Semmelweiser*
	....
RAe. Schlunk	*RAe. Schlunk & Breitmann*
	....
Herr Willenbrink	*Gebäudeeigentümer*
	....
Herr Friedhelm Willenbrink	*Sohn des H. Willenbrink*
	....
Dipl.-Ing. Immermann	*Sachverständiger*
	....
Frau Regallo	*Mitarbeiterin SV Immermann*
Evtl. weitere Personen	....

7.2.4 Muster für die Abrechnung eines Gerichtsauftrages nach dem JVEG

Dipl.-Ing. Rolf Immermann, Rolandstr. 46, 27869 Baumort
  Datum:....................................

	Tel................. Fax.............
	E-Mail: ....
Landgericht Oldenburg	*Steuernummer........................*
Postfach 2461	*Kto.............................*
	BLZ ....
26014 Oldenburg	

Rechnung nach JVEG
  Rechnungs-Nr........................

Gutachten in dem Rechtsstreit. Fa. Semmelweiser ./. Willenbrink
Geschäfts-Nr. 6 O 3880/04

Tätigkeit	Inhaber	Gesamtkosten
Zeitaufwand	*Std.*	*€*

A Zeitaufwand nach §§8.9
1. Aktenstudium................................ Std. (Terminvorbereitung)
2. Diktat Abstimmung. Ortstermin u.a............................ Std.
3. Ortsbesichtigung (incl. Hin- u. Rückfahrt).....................Std. (Terminwahrnehmung)
4. Ausarbeitung des Gutachtens..Std.
5. Ggf. Sonstiges:
  Gesamtzahl der Stunden: Std.
  Aufgerundet nach §8 auf   ....Std.
6. Stundensatz nach §9
  Schäden an Gebäuden   € 75.-/Std. (......)
....Sonstige Std. nach Gruppe..
Summe A *nach Zeitaufwand   €........................*

B Auslagen- und Aufwendungsersatz (§§5-7,12) (.....Exemplare)
1. Aufwendung für Hilfskräfte ......Std. x € ..../Std. zzgl. 15 % Gemeinkosten   ....
2. Fahrtkosten zu Ortstermin 0.30 €/km x km........ (ÖPNV 2x 1.75   ....
3. Tagegeld für Ortsbesichtigung §6/§4   ....
4. Fotografien §12
  Originale   a 2.00 €/Stck. ....
  Abzüge   a 0.50 €/Stck............   ....
5. Schreibkosten für Gutachtenreinschrift §12 2.700 Anschläge/S.
  Seiten.........für das Original = z.B. 30.000 Anschläge   x   0.75 €

$$\frac{}{1000}$$

  ....
6. Kopien §7 für weitere   7 Exemplare
  bis zu 50 Kopien a 050 €/Stck   ....
  Für weitere Kopien ab 50 Seiten x 0.15 €/Stck ....Seiten   ....
7. Für Porto §7 nach Aufwand: ....
8. Für Telefon, Telefax pauschal   ....
Summe B   *....................*
Gesamtvergütung für Zeitaufwand und Aufwendungen nach A + B: ....
+ Mehrwertsteuer 19% §12   ....
Rechnungsbetrag mit der Bitte um Anweisung

7.2.5 Muster für eine Benachrichtigung zu einer Ortsbegehung

An die Bewohner/Nutzer der Häuser 32/36/38
Straße...............Ort...................................

Bremen, den............

Geplante Bauarbeiten auf dem Grundstück ...., Bremen

Sehr geehrte Bewohner/Nutzer der Häuser

Im Bereich des Hauses Nr. 34 sollen ab der 18. KW Bauarbeiten durchgeführt werden.
Im Vorfeld zu dieser Maßnahme werden Entkernungsarbeiten durchgeführt werden.
Von dem Eigentümer des Hauses Nr. 34, Herrn......... in Bremen, bin ich beauftragt, vor
Beginn der Bauarbeiten eine Beweissicherung an den Gebäuden durchzuführen, da
eventuell Beeinträchtigungen entstehen könnten.
Es werden von mir alle Räume der Erdgeschosse und 1. OG. der Nr. 32 und 36/38,
begangen, um festzustellen, ob Gebäudeschäden vorhanden sind.
Gegebenenfalls werden Fotos von vorhandenen Rissen oder anderen Schäden gemacht
werden.
Es werden nur visuelle Feststellungen getroffen, d.h. verborgene vorhandene Schäden
bleiben unberücksichtigt.
Durch die Beweissicherung vor dem Baubeginn soll verhindert werden, dass es
während oder nach der Bauzeit des neuen Gebäudes zu unterschiedlichen Beurteilungen
von vorhandenen oder neuen Schäden an den benachbarten Gebäuden kommen kann.
Wird die Beweissicherung aus Gründen, die von den Bewohnern des Hauses zu
vertreten sind, nicht durchgeführt, so wird dieses in dem von mir zu erstellenden
Gutachten vermerkt werden.
Dieses gilt auch für den Fall, dass einzelne Räume nicht begangen werden können. Die
Durchführung ist von mir beabsichtigt am:

Dienstag, den 25.04... ab 10.00 Uhr

Beginnend in Haus Nr. 32 ... über Nr. 34 zu Nr. 36/38

Der Sachverständige

7.2.6 Erläuterung zum privaten Auftragsschreiben als Inhaltsvorlage für eine Gutachtenerstellung

Sachverständigenverträge können aus den verschiedensten Publikationen zum Sachverständigenwesen entnommen werden. Wichtig ist, dass die grundsätzlichen Hinweise zum AGBG enthalten sind.

Bei der Abfassung eines Sachverständigenvertrages ist wichtig, dass es sich nicht um einen Formularvertrag handeln darf, sondern um eine individuelle Vereinbarung mit dem SV. Ist dies nicht der Fall, fällt der Vertrag unter das Gesetz zur Regelung der Allgemeinen Geschäftsbedingungen (AGBG) mit der Konsequenz, dass die im nachstehend abgedruckten Vertragsmuster eingebauten Beweiserleichterungen für die Honorierung sowie die Haftungserleichterungen sich nach § 11 AGBG beurteilen würden und ungültig wären. Die Nachweispflicht für den Arbeitsumfang verbleibe dann beim SV, seine Aufzeichnungen wären nicht entscheidend. Seine Haftung dauerte 5 Jahre, schlimmstenfalls 30 Jahre und wären der Höhe nach unbegrenzt. Allgemeine Geschäftsbedingungen (AGB) liegen dann nicht vor, wenn die Vertragsparteien die Vertragsklauseln im Einzelnen ausgehandelt haben und der SV diese nicht seinem Auftraggeber (AG) stellt. Hier ist es notwendig, dass der SV die einzelnen Klauseln dem AG erläutert und er auch tatsächlich verhandlungsbereit hierüber ist. Für einen individuellen ausgehandelten Vertrag sprechen Beweiszeichen wie handschriftliche Abfassung, handschriftliche Ergänzung. Es reicht aber auch, wenn wie hier vorgeschlagen, die offenen Passagen des Vertrages ohne Präjudiz verhandelt werden.

Die vereinbarten Auftraginhalte müssen mit ihren wesentlichsten Angaben in einem Gutachten unter dem Punkt 1.00 – Auftrag und Zweck im privaten Auftragsfall – enthalten sein.

7.2.7 Möglichkeit für eine private Sachverständigenbeauftragung (Alternative 1)

Das Grundschema wurde individuell auf ein bestimmtes Sachverständigenbüro umgearbeitet. Es handelt sich um eine DIN A4-Seite, die gefaltet in einen handelsüblichen Fensterumschlag passt.

Dipl.-Ing. Fred Zimmermann, Loignystr. 66, 28211 Bremen, freier Sachverständiger für Schäden an Gebäuden und Architektenhonorare
Tel..............................Fax ....E-Mail:..............................

Zieladresse
                              Datum:................................
                              Objekt:...............................
                              Ort.....................................
                              Begehung erfolgt
                              am ....
                              geplant für ....
Auftrag für eine gutachterliche Leistung
Hier mit erteile ich (wir)..
den Auftrag für die Erstellung eines schriftlichen Gutachtens für das genannte Objekt, als:
Beweissicherung...........................Schadensfeststellung..........................als:.......
...
Umfang der Aufgabenstellung (evtl. auf Beiblatt formulieren):

Örtl. Begehung (...)   Untersuchungen (...)   Fotodokumentation (...)
Kostenermittlung (...)   Sanierungsvorschlag (...)   schriftl. Gutachten (...)

Für eine erforderliche örtliche Begehung ist der/sind die Nutzer bereits informiert (.....) sind von den SV noch zu informieren (.....)
Das Gutachten wird in...... Originalen und einem Archivstück erstellt.
Es wird als Abgabedatum vereinbart:............................ Kann der gesetzte Termin nicht eingehalten werden, so ist der Auftraggeber mind. 14 Tage vor dem Termin zu unterrichten.
Zusatzausführungen zur Vertragsabwicklung und den Haftungsfragen sind als Anhang zu dem Auftragsformular hinzugefügt.(wenn entsprechend Vereinbarungen zwischen dem Auftraggeber und Auftragnehmer vereinbart wurden).

Rechnungsnummer......................Bankinstitut..
Bankleitzahl...........................Kontonummer..
Derzeitige Nettokostensätze Büroinhaber €.............../Std. Hilfskraft €.............../Std.
Zuzüglich 19% Mehrwertsteuer. Je km werden berechnet................. Behördenkosten nach Belegen, sonstige Nebenkosten wie Telekommunikation jeweils pauschal. Evtl. Fremdarbeiten nach gesonderten Auftragserteilungen.

Sachverständige:...
Auftraggeber:.............................
Datum...Datum.............................
Mit der Bitte um Rücksendung (...)   Rückgabe zum Ortstermin (...)

7.2.8 Möglichkeit für eine private Sachverständigenbeauftragung (Alternative 2)

Sachverständigenvertrag

Auftraggeber...

Auftragnehmer..

1. Die Beauftragung betrifft das Bauvorhaben

Zweck der Beauftragung ist es, eine gutachterliche Stellungnahme abzugeben zu folgenden Fragen
(Genaue Angabe der Fragen, zu der gutachterliche Stellung genommen werden soll)

2. Zwischen den Parteien wird ein Netto – Honorar vereinbart wie folgt:

a. Für die Sachverständigenstunde € ....

Alternativ:
Pauschal   € ....

Soweit im Stundensatz abgerechnet wird, führt der SV über die Anzahl der aufgewendeten Aufzeichnungen. Im Zweifel über die Anzahl der geleisteten Stunden sind die Aufzeichnungen des SV maßgeblich.

Nebenkosten wie Fotos, Vervielfältigungen, Lichtpausen sind in der Höhe der tatsächlich entstandenen Kosten zu erstatten.

Fahrtkosten erhält der SV in Höhe der steuerlichen zulässigen Pauschalsätze, sofern nicht höhere Aufwändungen nachgewiesen werden.

Auf die vorgenannten Stundensätze und Nebenkosten wird die gesetzliche Mehrwertsteuer erhoben.

3. Der SV erhält einen angemessenen Vorschuss in Höhe von €..................................

4. Das vereinbarte Honorar des SV ist fällig mit Übergabe des Gutachtens.

5. Die Haftung des SV für leicht fahrlässiges Verschulden wird ausgeschlossen.

6. Die Haftung des SV wird im rechtlich zulässigen Rahmen der Höhe nach begrenzt auf €..................

Diese Begrenzung entspricht der Summe der Berufshaftpflichtversicherung für Personen und Sachschäden, die der SV abgeschlossen hat, entsprechend der dem Vertrag beiliegenden Kopie der Versicherungbestätigung.

7. Die Haftung des SV wird begrenzt auf einen Zeitraum von .... Jahren
(Achtung BGB-Konforme Formulierung!)

8. Das Gutachten darf nur zu dem in Ziffer 1 bezeichneten Zweck verwendet werden. Die Weiterverwendung des Gutachtens ist an die ausdrückliche Zustimmung des SV gebunden.

9. Der Erfüllungsort für die Tätigkeit des SV ist dessen Bürositz..................................

Unterschrift Auftraggeber

...

Unterschrift SV...

...

7.2.9 Muster für die Auftragsbestätigung bei einem Versicherungsschaden

Aufträge von Versicherungen werden i.d.R. über Telefax oder E-Mail dem Sachverständigen übermittelt. Dieser wird dann den Auftrag mit einem Formblatt beantworten, aus dem für das Gutachten die nötigen Informationen hervorgehen.

Auftragsbestätigung (...)

Feststellung des:
Versicherungswertes (...) Neuwertes (...)
Zeitwertes (...) Verkehrswertes (...)

Im Namen und auf Rechnung von:...
Versicherungsnehmer/Gebäudeeigentümer...
Versicherungsscheinnummer..
Schadensnummer..
Versicherungssumme in €....................................
Versicherungsart..

Folgende Unterlagen waren beigefügt oder werden angefordert:
Wertermittlungsformulare (...)   Baupläne mit Grundrissen, Ansichten (...)
Grundbuchauszug (...)   Katasterhandzeichnung   (...)
Auszug aus dem Liegenschaftsbuch (...) Lageplan   (...)
Stadtplan (...)   Baubeschreibung (...) Baujahr   (...)
Qm Wohn- oder Nutzfläche (...) cbm umbauter Raum   (...)
Vertragsbestimmung (...)   Fotos, Stck.   (...)
Versicherungsschein (...)   Schadensmeldung   (...)
Mängelaufstellung   (...)   Kostenaufstellung   (...)
Vorhandene Gutachten mit Datum   (...)

Die örtliche Besichtigung erfolgt voraussichtlich am:......................
Bearbeiter des Gutachtens:..
Sonderfachmann als externe Firma:...
Anzahl der Gutachten Exemplare (...)
Original an Auftraggeber   (...)
Sachverständigenernennung..

Unterschrift Sachverständiger   Unterschrift Versicherung
Datum   Datum
Es gelten die beigefügten allgemeinen Vertragsbedingungen

7.3 Erhebung von Tatsachen durch den Sachverständigen

Die fachkundige Tatsachenfeststellung gehört zu den Aufgaben des Gerichtssachverständigen, die sich in einem Gutachten niederschlagen muss.
Man unterscheidet hier:

- Befundtatsachen, d.h. solche Tatsachen, die auftragsgemäß Gegenstand der sachkundigen Tatsachenfeststellung sind. Typisch ist hier das Beweissicherungsgutachten, in dem wegen der Veränderung von Tatsachen und Zuständen die beweiskräftige Sicherung des gegenwärtigen Tatsachenbefundes für spätere gerichtliche Auseinandersetzungen erforderlich ist.

- Anknüpfungstatsachen, auch Anschlusstatsachen genannt, sind solche Tatsachen, an denen der Gerichtsgutachter seine sachkundigen Folgerungen und Beurteilungen festmacht bzw. anknüpft. Es kann sich um die Beurteilung von Ursachenzusammenhängen, z.B. Auskünfte über die Ursachen von Dachundichtigkeiten oder die Bewertung von Vermögenschäden, Feststellung von Folgen bestimmter Erscheinungen wie Mangelbeseitigungskosten bei Bauschäden handeln.

- Zusatztatsachen sind solche Tatsachen»die dem Gerichtsgutachter anlässlich seiner Gutachtenerstattung bekannt werden (z.B. bei einem Ortstermin), aber nicht unmittelbar den Gutachtensauftrag betreffen«. Achtung: der Gerichtssachverständige muss sich eng an den genannten Beweisbeschluss halten.

Als Tatsachenquellen können vor allem betrachtet werden:

- Aktenstudium
- Ortsbesichtigung
- Untersuchung von Sachen, Urkunden, Laboranalysen, Plänen, Urkunden, Lichtbildern
- Behördenauskünfte.

7.4 Hinweise für zu übernehmende Inhalte von Gerichtsaufträgen

Der Auftrag ist mit seinen Inhaltsteilen die Grundlage für eine Gutachtenbearbeitung im gerichtlichen Bereich. Alle Angaben aus der Akte sind vollständig in ein Gutachten zu übernehmen. Enthalten sein sollen:

- vollständige Anschrift des Gerichts
- Geschäftsnummer
- Datum der Verschickung
- Datum des Eingangs beim Sachverständigen
- vollständige Anschrift des Sachverständigen
- Parteien in dem Verfahren
- Anwälte in dem Verfahren
- evtl. Nebenintervenienten in dem Verfahren mit Anwälten
- Rechtsstreit / selbstständige Beweissicherung
- überlassene Unterlagen
- Akte mit Seitenzahlen / Anlagenkonvolute, sonstige Unterlagen
- Angabe wo der Beweisbeschluss sich befindet (Seite, Datum) und welche Punkte bearbeitet werden sollen
- Anzahl der verlangten Gutachtenexemplare
- Hinweis, ob später eine mündliche Anhörung erfolgen wird
- Hinweis auf Prüfung des Akteninhalts im Hinblick auf das Fachgebiet des Sachverständigen
- Hinweis auf Kontaktaufnahme mit dem Gericht, falls Zweifel bestehen (Art und Umfang der erforderlichen Tätigkeit)
- Hinweis auf den gesetzten Kostenrahmen und dessen ausreichende Höhe.

7.5 Literatur und Internetadressen zum Aufbau und Inhalt

Im Jahr 2006 wurde von dem Institut für Sachverständigenwesen e. V. ein Literatur-Brevier mit ca. 700 Nachweisen zu Themen aus dem Sachverständigenwesen herausgegeben, 2006 wurde vom Institut für Sachverständigenwesen e. V. ein Literatur-Brevier mit ca. 700 Nachweisen zu Themen aus dem Sachverständigenwesen herausgegeben. Nach einer 1. Ergänzung 2008 erfolgte 2010 eine weitere Ergänzung (www.ifsforum.de).

Hier soll keine Übersicht über die Vielzahl der Veröffentlichungen zu dem Sachverständigenwesen vorgestellt werden. An dieser Stelle sollen lediglich die Fundstellen genannt werden, die sich in besonderem Maß mit dem Thema »Aufbau und Inhalt von Gutachten« befasst haben. Hinzu kommen Hinweise zu der Honorarordnung der Architekten und Ingenieure und dem JVEG, da deren Inhalte in das behandelte Thema am Rande oder direkt eingreifen.

Einzelne bekannte und bewährte Hilfsmethoden für die Gutachtenerstellung in bestimmten Fachbereichen werden nachfolgend genannt. Nicht auszuschließen ist es, dass während der Arbeiten zu diesem Buch weitere Veröffentlichungen herausgekommen sind oder vor der Herausgabe stehen. So sollte der Sachverständige sich vor der Anschaffung einer bestimmten Literaturfundstelle im Buchhandel oder im Internet vergewissern, ob nicht eine weitere, eventuell wichtige Veröffentlichung vorgesehen ist. Der Fachbuchhandel erhält im Allgemeinen Hinweise über geplante Veröffentlichungen als Neuerscheinungen oder aktualisierte Ausgabe eines bereits vorhandenen Fachbuches.

Selbstverständlich gehört die Suche im Internet dazu, um besondere Methoden für Gutachtenerstellungen aufzuspüren. Nachfolgend werden alle wesentlichen Daten zu den Veröffentlichungen genannt. Von den Bestellungskörperschaften, gleich welcher Art, wird zur Vorbereitung auf Fachprüfungen oder zur allgemeinen Weiterbildung darauf hingewiesen, dass der Interessent an der Sachverständigentätigkeit das Wissen über den Aufbau und Inhalt eines Gutachtens besitzen muss. Grundsätzliche Hinweise werden nur stichwortartig von den Bestellungskörperschaften gegeben.

Die genannte Reihenfolge der Fundstellen stellt keine Wertung des einzelnen Inhalts dar. Sie sind eher zufällig und für jeden Sachverständigen je nach Fallgestaltung zu nutzen.

7.5.1 Fundstellen mit Hinweisen zu Aufbau und Inhalt eines Gutachtens

- Muster-Sachverständigenverordnung des DIHK in der Neufassung vom 26.03.12 (...) er (der Sachverständige) hat in der Regel die von den Industrie- und Handelskammern herausgegebenen Mindestanforderungen an Gutachten (...) zu beachten.
- Merkblatt der Industrie- und Handelskammern für den gerichtlichen Sachverständigen »Inhalt und Aufbau des Gutachtens«
- Sachverständigenordnungen der Industrie- und Handelskammern, z.B. HK Bremen mit den Richtlinien zur Anwendung und Auslegung: § 11 »Form der Gutachtenerstattung«
- Architektenkammern, sofern diese öffentliche Bestellungen durchführen, z.B. Architektenkammer Niedersachen in den jeweiligen Bestellungsvoraussetzungen für die einzelnen Fachgebiete
- Ingenieurkammern, soweit sie öffentlich Sachverständige bestellen, wie Architektenkammern, die nur allgemeine Hinweise zur Gutachtenerstattung geben
- Empfehlungen zum Aufbau eines Sachverständigengutachtens. Köln: Institut für Sachverständigenwesen e.V. www.ifsforum.de
- Bayerlein, W.; Roeßner, W.: Praxishandbuch Sachverständigenrecht. 4. Auflage. München: C.H. Beck Verlag 2008, Kap. 5, § 29, Rdn. 1 ff. »Das schriftliche Gutachten«; Kap. 7, § 46 Rdn. 55, »Das Gerichtsgutachten in Bausachen«
- Wellmann, C.R.: Der Sachverständige in der Praxis. 7. Auflage. Neuwied: Werner Verlag 2004, S. 127 ff.
- Jessnitzer, K.; Ulrich, J.: Der gerichtliche Sachverständige – Ein Handbuch für die Praxis. 12. Auflage. Köln: Heymanns Verlag 2007, S. 329 ff.
- Erwig, W.; Heck, H.-J.: Tipps zur Unternehmensführung im Handwerk. Düsseldorf: Landes-Gewerbeförderungsstelle des nordrhein-westfälischen Handwerks e.V., Kap. G, »Form und Inhalt eines Gutachtens«, S. 12 ff.
- Klocke, W.; Neimke, L: Der Sachverständige und seine Auftraggeber. 1. Auflage. Stuttgart: Fraunhofer IRB Verlag 2003, S. 72 ff.
- Röhrich, L.: Das Gutachten des Bausachverständigen. 3. Auflage. Stuttgart: Fraunhofer IRB Verlag, 2010
- Buss, H.: Der Sachverständige für Schäden an Gebäuden. Handbuch für Ausbildung und Praxis, 3. Auflage. Stuttgart: Fraunhofer IRB Verlag 2007

- Staudt, M.: Handbuch für den Bausachverständigen: Rechtliche und technische Informationen für die tägliche Arbeit. 2. Auflage. Köln: Bundesanzeiger Verlag

7.5.2 Fundstellen mit Hinweisen zur Entschädigung des Sachverständigen nach dem JVEG

- Bleutge, P.: Justizvergütungs- und -entschädigungsgesetz (JVEG): Kommentar. 4. Auflage. Essen: Wingen Verlag 2008. In dieser Broschüre ist nicht nur das Justiz- und Entschädigungsgesetz enthalten. Wichtig ist, dass zu den einzelnen Ausführungsbestimmungen Kommentierungen abgegeben werden, die sich z. T. auf Gerichtsurteile stützen, die seit der Einführung (01.07.04) ergangen sind. Nur über die Kommentierung erschließt sich dem Leser das Gesetz im Hinblick auf die Gutachtenerstellung und dessen Entschädigung.

7.5.3 Fundstellen mit Hinweisen zur Ortsbesichtigung

- Bleutge, P.: Merkblatt zur Durchführung einer Ortsbesichtigung. 6. Auflage. Köln: Institut für Sachverständigenwesen e. V. 2006.
Aus der Broschüre ergeben sich für den Gutachteninhalt grundlegende Hinweise über die Abwicklung von Ortsterminen, die mit größter Genauigkeit in einem Gutachten wiedergegeben werden müssen.
- Bleutge, P.: Ablehnung wegen Besorgnis der Befangenheit: Erläuterungen und 240 Gerichtsentscheidungen in Leitsätzen und mit Fundstellen, 3. Auflage. Köln: Institut für Sachverständigenwesen e. V. 2010.
In dieser Broschüre werden aus 240 Gerichtsentscheidungen heraus Hinweise gegeben, wie schnell ein Sachverständiger in die »Befangenheitsfalle« laufen kann, wenn er kein grundlegendes Wissen über die Abwicklung eines Ortstermins hat. Wird aus einem Gutachten eine eventuelle Befangenheit herausgelesen, kann es zur Ablehnung des Sachverständigen kommen.

7.5.4 Fundstellen mit Hinweisen zu Hilfsmethoden bei Bewertungen

- Klocke, W.; Neimke, L: Der Sachverständige und seine Auftraggeber. 1. Auflage. Stuttgart: Fraunhofer IRB Verlag 2003, Kap. 2.1, Wertminderung durch Quotelung
  Um in einem Gutachten nachvollziehbar in Schadensfällen mit verschiedenen Verursachern Aufteilungen vorzunehmen, bietet sich die Quotelungsmethode an. Wichtig ist, dass eine Schadensaufteilung nicht als Vorwegnahme eines Urteils im gerichtlichen Bereich gesehen wird. Deswegen der Hinweis: »Die prozentuale Aufteilung erfolgt aus technischer Sicht«.
- Oswald, R.; Abel, R.: Hinzunehmende Unregelmäßigkeiten bei Gebäuden, 1. Auflage. Gütersloh: Bauverlags BV 1999/2001
  Die für jedermann verständliche Darstellung in einem Gutachten, warum nachgebessert werden muss, ob ein Minderwert verbleibt oder es sich um eine Bagatelle handelt, die hingenommen werden muss, ist nur mit fachlichem Geschick zu lösen. Besonders die in dem Buch gezeigte Matrix zur Bewertung von optischen Mängeln kann sehr hilfreich für den Sachverständigen sein.
- Kamphausen, A.: Ermittlung des Minderwertes durch Bausachverständige, in: baurecht (BauR) – Zeitschrift für das gesamte öffentliche und zivile Baurecht, Sonderdruck. Neuwied: Werner Verlag 1989, Heft Nr. 5/1989 – Zielbaumverfahren nach Dr. Aurnhammer BauR 1978
  Diese Methode gewährleistet in ihrer logischen Abfolge eine nachvollziehbare und überprüfbare Ermittlung eines z. B. baumängelbedingten Minderwertes. In dem VBD info 2/2007 wurde darauf hingewiesen, dass es zu dem Thema eine Fortbildungsveranstaltung 03.2008 gegeben hat.
- Neimke, L.: Vom Architekten zum Bausachverständigen. 1. Auflage Stuttgart: Fraunhofer IRB Verlag 2007, S. 83–116

7.5.5 Fundstellen mit Hinweisen zu Nutzung von elektronischen Datenbanken

- SCHADIS, das elektronische Standardwerk zu Bauschäden, Fraunhofer-Informationszentrum Raum und Bau, www.irb.fraunhofer.de/schadis.
  Wer als Bausachverständiger diese oder andere Datenbanken für die Erstellung eines Gutachtens nutzt, muss im Anhang zu dem Gutachten (Dokumentation) auf die genutzte Quelle hinweisen.

7.6 Verzeichnis der Abkürzungen

AGB	Allgemeine Geschäftsbedingungen
AK	Architektenkammer, auch in Verbindung mit einer Ingenieurkammer, z. B. AKI-SH (Architekten- und Ingenieurkammer Schleswig-Holstein)
BGB	Bürgerliches Gesetzbuch
DIHK	Deutscher Industrie- und Handelskammertag
GmbH	Gesellschaft mit beschränkter Haftung
HOAI	Honorarordnung für Architekten und Ingenieure
IBR	Zeitschrift für Immobilien und Baurecht
IfS	Institut für Sachverständigenwesen e. V. Köln
IHK	Industrie- und Handelskammer, in Bremen und Hamburg HK
JVEG	Justizvergütungs- und Entschädigungsgesetz
KL	Kläger
LG	Landgericht
OLG	Oberlandesgericht
ö. b. u. v. SV	Öffentlich bestellter und vereidigter Sachverständiger
RA.	Rechtsanwalt
RAe.	Rechtsanwälte in einer Gemeinschaft von Rechtsanwälten, verschiedene Organisationsformen
RAin.	Rechtsanwältin
Rdn.	Randnummern in zitierter Literatur
SV	Sachverständiger
VBD	Verband der Bausachverständigen Deutschlands e. V.
ZPO	Zivilprozessordnung

8 Stichwortverzeichnis

Die vorsorgliche Beweissicherung im Bauwesen

Georg Philipps, Frank Stollhoff,
Jürgen Wieck
Schadenfreies Bauen Band 31
2., überarb. Aufl. 2010,
228 Seiten, zahlr. Abb., Tab., Geb.
ISBN 978-3-8167-8194-3

Beim Fortschreiten von Bauarbeiten ist eine Feststellung des ursprünglichen Zustandes eines Bauwerkes oder einer Bauleistung oder auch von Zwischenzuständen in der Regel unmöglich. Eine optimal ausgeführte vorsorgliche Beweissicherung – sowohl in der Projektierung als auch in der Ausführung – ist heute ein zentrales Element des Risikomanagements im Bauwesen.

Die Autoren beleuchten die gesamte Thematik der Beweissicherung von der methodischen Vorgehensweise, den angewandten Verfahren und der erforderlichen technischen Ausstattung bis zu modernen Technologien der Online-Überwachung. Sie schildern den Aufbau von Beweissicherungsgutachten und Bau begleitenden Dokumentationen und geben einen Überblick über den rechtlichen Rahmen von Beweissicherungen und übliche Regulierungsmaßnahmen. Erläutert werden auch die Ursachen baulicher Veränderungen, speziell die Problematik der Erschütterungen im Bauwesen. Ausgewählte Fallbeispiele ergänzen und veranschaulichen die technischen Ausführungen.

Fraunhofer IRB Verlag
Der Fachverlag zum Planen und Bauen

Nobelstraße 12 · 70569 Stuttgart · Tel. 0711 9 70-25 00 · Fax -25 08 · irb@irb.fraunhofer.de · www.baufachinformation.de

Prüfungsfragen
für Bausachverständige

Fragen und Lösungen zur
Vorbereitung auf die Prüfung
zum Sachverständigen für
Schäden an Gebäuden

Norbert Bogusch, Helmut Weber
4., erw. Aufl. 2011, 212 Seiten, Geb.
ISBN 978-3-8167-8399-2

Wer »Sachverständiger für Schäden an Gebäuden« werden will, muss spezielle fachliche Bestellungsvoraussetzungen nachweisen: Überdurchschnittliche Fachkenntnisse, praktische Erfahrung und die Fähigkeit, Gutachten zu erstellen. Fester Bestandteil der Prüfungen durch das Fachgremium für das Fachgebiet Schäden an Gebäuden sind Fragen hinsichtlich des fachlichen Präsenzwissens. Darüber hinaus muss der Sachverständige es auch verstehen, die dargestellten Ergebnisse so zu begründen, dass sie für einen Laien verständlich und für einen Fachmann in allen Einzelheiten nachprüfbar sind.

Um den angehenden Sachverständigen auf die Prüfung vorzubereiten, wurden in diesem Fachbuch Fragen zusammengestellt, die bereits Gegenstand solcher Prüfungen waren. Die Antworten umfassen naturgemäß nicht die komplette »ganzheitliche Fachkunde«, stellen aber die prüfungsrelevanten, richtigen Antworten dar, ohne dabei auf alle Aspekte im Detail einzugehen.

Fraunhofer IRB▪Verlag
Der Fachverlag zum Planen und Bauen

Nobelstraße 12 · 70569 Stuttgart · Tel. 0711 9 70-2500 · Fax -2508 · irb@irb.fraunhofer.de · www.baufachinformation.de